가자가자 한국사 5 근대~현대

초판 1쇄 발행 2022년 4월 25일

글 구완회 l 그림 신민재 l 캐릭터 신명환 l 감수 홍종욱
펴낸이 이재진 l 편집장 안경숙 l 편집 달로켓 l 디자인 민트플라츠
마케팅 정지운, 김미정, 신희용, 박현아, 박소현 l 제작 신홍섭
펴낸곳 (주)웅진씽크빅 l 주소 경기도 파주시 회동길 20 (우)10881
문의 031)956-7442(편집), 02)3670-1191, 032)956-7065, 7069(마케팅)
홈페이지 www.wjjunior.co.kr l 블로그 wj_junior.blog.me
페이스북 facebook.com/wjbook l 트위터 @wjbooks l 인스타그램 @woongjin_junior
출판신고 제406-2007-00046호 l 제조국 대한민국

글 ⓒ 구완회, 2022 · 그림 ⓒ 신민재, 신명환, 2022
저작권자와 맺은 특약에 따라 검인을 생략합니다.

웅진주니어는 (주)웅진씽크빅의 유아·아동·청소년 도서 브랜드입니다.
이 책은 저작권법에 의해 한국 내에서 보호를 받는 저작물이므로 무단 전재와 복제를 금하며,
이 책 내용의 전부 또는 일부를 이용하려면 반드시 저작권자와 (주)웅진씽크빅의 서면 동의를 받아야 합니다.

ISBN 978-89-01-25953-6 74910 · 978-89-01-25948-2(셋트)

잘못 만들어진 책은 바꾸어 드립니다.
주의 1. 책 모서리가 날카로워 다칠 수 있으니 사람을 향해 던지거나 떨어뜨리지 마십시오. 2. 보관 시 직사광선이나 습기 찬 곳은 피해 주십시오.

5 근대~현대

글 구완회 | 그림 신민재·신명환

작가의 말

그 시대, 그곳으로 떠나는 한국사 시간 여행

혹, 여러분도 이야기를 좋아하나요? 둘이 듣다 하나가 죽어도 모를 만큼 재미난 이야기를요. 저는 어려서부터 재미난 이야기라면 자다가도 벌떡 일어나고 맛난 걸 먹다가도 귀를 쫑긋 세울 정도로 좋아했어요. 이야기를 듣는 것만큼이나 들려주는 것도 좋아했지요.

여러 가지 이야기 중에서도 특히 푹 빠져 지낸 것은 역사 이야기였어요. 초등학교 때 학교 도서관에서 자원봉사를 했는데, 그때 학교에 있는 역사책들은 거의 빠짐없이 읽었지요.

역사책에는 까마득한 옛날 우리 조상들이 코뿔소 사냥을 하는 이야기부터 옹기종기 움집이 모여 있는 신석기 시대 마을, 단군 할아버지가 세웠다는 고조선의 재판정까지 흥미진진한 이야기들이 가득했어요. 그뿐인가요? 고조선과 한나라가 벌이는 전쟁, 가야 왕 김수로가 바다 건너온 공주와 만나는 장면, 고구려 귀족들이 즐겼던 서커스 구경도 할 수 있었지요.

우리 땅에 코뿔소가 있었다고? 고구려 귀족의 서커스 구경이라니? 역사책에는 생각지 못했던 이야기들이 가득했어요.

지금 우리가 살아가는 이야기도 천년만년이 지나 후대에 역사로 남겨질 거예요. 상상이 잘 안 된다고요? 마찬가지로 일만 년 전 석기 시대를 살았던 사람들도 우리가 자신들이 남긴 흔적을 모아 되살려 보고 있다는 상상을 하지 못했을 거예요. 이렇게 역사란 아주 오래전부터 지금까지 계속 이어지는, 사람들이 살아간 이야기예요.

재미난 이야기를 읽었으니 쉬는 시간마다 친구들에게 이야기해 주었죠. 마치 제가 그때 그 장면을 본 것처럼 생생하게요. 이렇게 해야 친구들이 이야기 속으로 빠져들고 저도 신이 났으니까요.

이 책에 등장하는 시간 여행자 구름름은 어린 시절 제 모습이기도 해요. 여러분도 어릴 적 제 친구들처럼 호기심에 눈을 반짝이면서 귀를 쫑긋 세워 주세요. 그러면 우리 역사를 아주 생생하게 체험할 수 있을 거예요.

아, 여행을 함께할 친구들도 기다리고 있어요. 개성 만점 친구들과 흥미진진 시간 여행을 하다 보면 어느새 우리 역사를 좋아하게 될 거예요. 어렵고 복잡한 한국사가 머릿속에 쏙쏙 들어오는 건 덤이랍니다. 자, 그럼 우리 같이 한국사 시간 여행을 떠나 볼까요?

구완회

차례

01 나라의 문을 열다

1. 왕의 권력을 되찾은 흥선 대원군 14
2. 나라의 문을 활짝 연 고종 20
   - 현장 체험 강화도 28
3. 나라의 문을 여니 조선이 울렁울렁? 30
4. 세상을 바꾸자! 농민들이 일어났어 38
   - 현장 체험 우정총국 46

02 흔들리는 나라를 지켜라

1. 침략의 발톱을 드러낸 일본 50
2. 이제는 황제의 나라 대한 제국이야 58
   - 현장 체험 덕수궁 64
3. 황제에서 백정까지, 나라를 지키자 66
4. 하늘도 땅도 사람도 울던 날 74
   - 현장 체험 중명전 82

03 일본에 빼앗긴 나라 되찾기

1. 조선 땅도 조선 쌀도 일본 거야 86
2. 대한 독립 만세! 만세! 만세! 94
   - 현장 체험 서대문 형무소 역사관 104
3. 3·1운동 이후의 독립운동 106
4. 말도 글도 숟가락도 빼앗기고 114
   - 현장 체험 독립기념관 122

04 8·15 광복과 6·25 전쟁

1. 새 나라 만들기는 우리 손으로 126
2. 남한 따로 북한 따로 정부의 탄생 134
   - 현장 체험 대한민국역사박물관 144
3. 우리나라를 뒤덮은 전쟁의 불길 146
   - 현장 체험 거제도 포로수용소 유족공원 158

찾아보기 162

친구들 소개

안녕, 나는 누구일까?

내 이름은 **구름름**!
털처럼 가볍고 가고 싶은 곳 어디든 흘러가지.
이번 여행은 진짜 엄청날 예정!
어서 가자! 한국사 속으로!

드봇도 같이!
윙, 역사의 시간을 알려 줄게.
궁금한 건 뭐든 척척!
인공 지능 드론 로봇이니까.

나도 간다!

쌩. **킥스** 가는 길을 비켜라.
누구보다 빠른 이 킥스도 합류!

나는 눈덩이 **눈스**.
추운 데만 있었더니 지루하군요.
한국사 속,
거기 나도 데려가요.

오, 예! 검색의 달인 나,
스마토리.
뭐든 검색해서 바로바로
알려 주겠어요!

들어가기

어느새 여기까지 왔구나!

안녕!

나랑 함께 하는 한국사 여행도

벌써 마지막 시간이 되었네.

세도 정치로 혼란에 빠진 조선은

결국 일본의 식민지가 되고 말았어.

하지만 줄기찬 독립운동 끝에 나라를 되찾았지.

그런데 해방의 기쁨도 잠시,

남과 북으로 나뉘어 전쟁까지 치르게 되었어.

수백만 명의 목숨을 앗아 간 전쟁이 끝나고

대한민국은 세계에서 가장 못사는 나라가 되고 말았단다.

휴, 어쩔.

해방 뒤에 전쟁이라니!

하지만 이때부터 기적 같은 일이 벌어지기 시작해.
모두의 피땀 어린 노력으로 경제가 발전하고,
진짜 피를 흘리며 독재와 싸운 덕분에
보통 사람이 주인 되는 민주주의까지 이룩했거든.
전쟁이 끝난 지 불과 수십 년 만에
대한민국은 전 세계가 부러워할 만큼 잘 사는 나라가 된 거야.

어떻게 이런 놀라운 일이 가능했을까?
앞으로 우리는 어떤 나라를 만들어 가야 할까?

이번엔 우리 역사가 놀이 기구를 탄 듯이 출렁대니
정신 바짝 차리고 따라와야 해.
출발!

1. 나라의 문을 열다

조선의 개항

'부웅' 소리 들리지?

항구에 배가 들어오고 있어.
그동안 보던 배들과 모양이 좀 다르지?
배 위에 양복을 입은 서양 사람이 탄 걸 보니
멀리 서양에서 오는 배인가 봐.
조선에 무슨 일이 있었길래
서양 배가 들어오는 걸까?

1. 왕의 권력을 되찾은 흥선 대원군

스톱! 저기 궁궐로 가 보자. 아, 창덕궁에서 조선의 26번째 국왕인 **고종의 즉위식**이 열리고 있네. 그런데 왜 경복궁이 아니라 창덕궁이냐고? 임진왜란 때 불탄 경복궁을 아직 다 복구하지 못했거든.

12세에 왕이 된 고종

특별한 행사 때 왕이 입는 면복을 입고 면류관을 쓴 고종은 앳된 모습이야. 그도 그럴 것이 고종은 이제 겨우 열두 살이거든. 요즘 같으면 아직 초등학생이지. 이런 고종을 뒤에서 흐뭇한 얼굴로 보는 사람이 있어. 바로 고종의 아버지인 흥선 대원군이야.

대원군이 뭐냐고? 고종은 왕자가 아니었어. 이전 왕인 철종이 아들 없이 죽으면서 왕족이었던 고종이 왕위를 이어받았지. 왕족이 왕이 되면 왕의 친아버지에게 대원군이라는 벼슬을 내려.

고종 대신 나라를 다스린 흥선 대원군

어린 고종을 대신해서 아버지인 흥선 대원군이 나라를 다스렸어. 그는 **왕실의 힘을 키우고 나라를 바로 세우기 위해서** 여러 가지 일을 했어. 제일 먼저 한 일은 백성들을 괴롭히는 나쁜 벼슬아치들을 혼내 준 거야. 특히 백성들에게 제멋대로 세금을 거두는 지방 수령들을 용서하지 않았지. 사실 이들이 세금 도둑이 된 데는 이유가 있었어. 세도 정치 기간 동안 지방 수령이 되려면 세도 가문에게 큰돈을 바쳐야 했거든. 돈을 내고 벼슬을 샀으니, 본전 이상을 뽑기 위해 백성들을 쥐어짤 수밖에.

내가 이 나라를 올바르게 이끌 거야!

고종이 왕이 된 뒤로는 돈으로 벼슬을 사고파는 일도 거의 사라졌어. 흥선 대원군이 세도 가문의 권력을 빼앗아 버렸으니까. 그리고 **능력 있는 사람을 골고루 뽑아** 벼슬을 주었지. 세도 정치가 끝나고 제대로 된 정치가 시작된 거야.

삼정의 문란도 바로잡았어

고종이 즉위하고 8년쯤 지난 어느 날, 한양 북촌의 양반 몇이 사랑채에 모여 분통을 터뜨렸어.

"아니, 양반인 우리한테 군포를 걷다니 말이 되는가?"
"그러게 말이야. 원래 군대는 상놈들만 가는 것이니, 군포도 당연히 그놈들만 내야 하거늘!"
"이 모든 게 흥선 대원군이 꾸민 일이야!"

맞아. 양반한테도 군포를 걷는 건 고종의 명령이었지만 사실은 흥선 대원군의 뜻이었어. 군포는 군대를 가야 할 사람이 **군대를 안 가는 대신 바치는 옷감**으로, 원래 상민한테만 걷던 세금이야. 그러니까 군대를 갈 의무가 있는 남자 어른들한테만 받아야 하는 거지. 그런데 세도 정치 기간에는 어린아이나 이미 죽은 사람한테까지 군포를 걷어서 백성들의 고통이 심했어. 흥선 대원군은 이걸 정해진 대로 남자 어른한테만 거두게 했지. 그러면서 세금이 부족해지자 상민뿐 아니라 **양반까지 내도록** 만든 거야.

양반도 내!

어린아이나 죽은 사람에게 매긴 몫까지 다 내라옹.

흥선 대원군은 환곡의 문제도 바로잡았어. 빌려주지도 않고 받아 내던 환곡을 **백성이 필요할 때 제대로 빌려주었고, 정해진 이자만** 받은 거야. 이로써 농민 봉기의 원인이었던 삼정의 문란도 많이 해결되었단다.

군포를 상민한테만 거뒀다니, 너무해!

나라를 지키는 데 양반과 상놈이 어디 있어?

환곡까지 바로잡았다니, 백성들이 진짜 좋아했겠다.

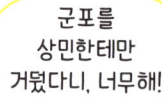
잠깐, 역사 돋보기!

또 하나의 개혁, 서원 없애기

조선의 서원은 훌륭한 유교 학자에게 제사를 지내고 유학을 가르치던 곳이야. 처음에는 좋은 뜻으로 지어졌지만 시간이 갈수록 양반들이 모여 세금을 빼돌리고 백성들을 괴롭히는 곳으로 변해 버렸지. 숫자도 수백 곳으로 늘고 말이야. 그래서 흥선 대원군은 전국에 있는 서원 중 일부만 남기고 대부분을 없애 버렸어. 이때 살아남은 서원 가운데 9곳은 2019년에 유네스코 세계 유산으로 뽑혔단다.

안동 병산 서원

백성들을 힘들게 한 경복궁 고쳐 짓기

하지만 흥선 대원군이 한 일이 모두 백성들의 환영을 받은 건 아냐. 백성들에게 큰 부담이 되어 원성을 샀던 일도 있어. 대표적인 것이 경복궁을 다시 지은 일이지. 흥선 대원군은 경복궁을 더욱 크게 지어서 왕실의 위엄을 높이려고 했거든. **임진왜란 때 불탄 경복궁을** 그때까지도 다시 못 지은 건 너무 돈이 많이 들어서였어. 흥선 대원군은 백성들에게 **원납전**을 걷어서 해결하려고 했어. 원납전이란 '스스로 원해서 내는 돈'이란 뜻이야. 하지만 **강제로 거두는 경우가** 많았어.

원해서 내는 돈이라고?

원망하면서 내는 돈이야~옹.

그런데 원납전으로도 돈이 부족하자 **당백전**을 만들었어. 당백전이란 한 냥이 백 냥의 가치를 지닌 동전이야. 이렇게 가치가 큰돈을 마음대로 찍어 내자 물가가 오르고 가짜 돈이 판을 쳤어. 결국 이 모든 부담은 고스란히 백성에게 돌아가서 생활이 어려워지게 되었단다.

2. 나라의 문을 활짝 연 고종

지금은 1866년이야.

춘지? 고종이 즉위하고 3년이 지난 겨울 어느 날, 여기는 강화도의 삼랑성이야. 저기 튼튼한 성벽 위로 군인 수백 명이 대포를 겨누고 있는 게 보이니? 이들은 양헌수 장군이 이끄는 조선의 관군들이야. 산성 아래쪽에는 또 다른 군인들이 보여. 어라? 머리 색깔이랑 군복을 보니 서양 군인이로군. 파랑, 하양, 빨강 삼색 국기를 들었으니 **프랑스군**이 확실해.

물러가라! 도적들아!

꽝 꽝 꽝

도망 쳐!

집에 갈래...

성 위의 조선군이 대포를 쏘기 시작했어. 깜짝 놀란 프랑스군은 우왕좌왕 제대로 반격을 못 하고 있어. 자세히 보니 이들은 대포 하나 없이 총만 들고 있네. 결국 여럿이 죽고 수십 명이 다친 프랑스군은 후퇴하고 말았어. 이렇게 강화도를 침략한 프랑스군을 몰아낸 전투를 **병인양요**라고 불러.

병인양요는 **병인**년(1866년)에 서**양** 오랑캐가 일으킨 소**요**라는 뜻이야.

조선 사람들은 낯선 서양인들을 오랑캐라고 낮춰 불렀어.

프랑스와 미국이 강화도를 침략했어

근데 프랑스군은 왜 이역만리 떨어진 조선까지 왔을까? 여기에는 이유가 있어. 조선에서 서학, 즉 천주교를 전하던 **프랑스 선교사 9명을 처형**했거든. 이 무렵 조선에는 천주교를 믿는 사람들이 많아졌지만, 나라에선 천주교를 금지했어. 천주교인들이 조상의 제사를 안 지내고 서양 오랑캐를 불러들여 나라를 위험에 빠뜨린다고 말이야. 그러면서 수천 명의 천주교인들을 처형했는데, 거기에 프랑스 선교사들도 포함된 거야. 그러자 프랑스는 복수를 다짐하며 군대를 파견했지. 여기에는 **조선과 무역을 하고 싶다는 바람도** 있었어.

프랑스뿐 아니라 미국 같은 나라들도 무역을 하고 싶어 했지만, 그때까지 조선은 나라의 문을 굳게 닫고 있었지. 처음에 앞선 무기로 승리를 거듭하던 프랑스군은 강화 삼랑성에서 패한 후 자기 나라로 돌아갔단다. 강화도에 있던 우리의 귀중한 문화재와 무기, 곡식 등을 훔쳐 가지고 말이야.

　5년 뒤에는 **미국도 강화도를 공격**했어. 몇 해 전 조선에 와서 무역을 요구하며 행패를 부리다 불에 탄 제너럴셔먼호 사건을 문제 삼았지. 미군은 강화도를 차지했지만 조선이 무역을 거부하고 저항을 계속하자 제풀에 지쳐 물러가고 말았어. 이때의 전투를 **신미양요**라고 불러. 병인양요와 신미양요를 치른 흥선 대원군은 나라의 문을 더욱 꽁꽁 닫아 걸었단다.

서양 나라들은 왜 무역을 하자며 전쟁을 일으켰을까?

이 무렵 서양에서는 공장을 세우고 기계로 많은 물건을 만들어 내고 있었어. 농업을 주로 하다가 공업이 발달하게 된 것을 산업 혁명이라고 불러. 산업 혁명으로 물건이 많아진 나라들은 물건을 팔기 위해 다른 나라에 무역을 요구했지. 그런데 이런 무역은 조선처럼 산업이 발달하지 않은 나라한테는 아주 불리했어. 팔 물건이 적어서 무역을 할수록 손해였으니까. 그래서 조선은 나라 문을 꽁꽁 닫았고, 서양 나라들은 무역을 위해 전쟁도 서슴지 않은 거란다.

일본이 조선을 침략했어

운요호가 침략한 지금은 1875년!

미군이 물러가고 4년이 지난 뒤, 여기는 다시 강화도야. 저 멀리 서양 군함이 나타났어. 이번엔 또 어떤 나라가 침략하는 걸까? 배가 강화도 가까이 이르자 군인들이 작은 보트에 나눠 타고 해안으로 접근했어. 가만, 보트에는 서양인이 아니라 우리와 같은 동양인들이 타고 있네. 이 배의 이름은 **운요호**, 영국에서 사 온 **일본의 군함**이야. 일본은 20여 년 전에 미국에 나라 문을 열고 군대를 서양식으로 바꾸었거든. 보트가 가까이 오자 강화도를 지키던 조선군들이 대포를 쏘기 시작했어.

그러자 기다렸다는 듯이 운요호에서도 대포가 비 오듯 발사되었어. 조선군보다 훨씬 성능이 좋은 대포야. 나중에는 일본군이 강화도에 올라와 조선군을 죽이고 집들을 불태웠어.

한바탕 소란을 피우고 돌아간 일본은 다음 해 또 다른 배를 보내 **조선에 나라 문을 열 것을 요구**했지. 군대뿐 아니라 나라의 모든 것을 서양식으로 바꾼 일본이 서양의 나라들처럼 힘으로 무역을 강요한 거야. 사실 미국이 일본의 문을 연 것도 이런 식이었어. 군함을 보내 대포를 쏘면서 힘으로 일본의 문을 열었지. **일본은 미국에 당한 걸 조선에 갚은 셈**이야.

고종이 나라 문을 열었어

그런데 이번에는 조선의 대응이 달라졌어. 프랑스와 미국이 나라 문을 열라고 요구할 때는 딱 잘라 거절했는데, 일본과는 대화를 시작한 거야. 이때는 어른이 된 고종이 직접 나라를 다스렸거든. 스물다섯 살 젊은 고종은 아버지와 생각이 달랐어. **세상이 변했고 나라의 문을 여는 건 피할 수 없는 일이라고 생각**했지.

고종은 믿을 만한 신하를 보내 일본과 여러 차례 협상을 벌였어. 그러다 마침내 나라 사이의 약속인 **조약**을 맺고 나라 문을 열었어. 인천과 원산, 부산의 항구를 열고 일본 배가

자유롭게 드나들 수 있도록 했지. **일본을 시작으로 미국, 영국, 프랑스, 독일 등과도 조약**을 맺었어. 그 결과 서양의 문물들이 쏟아져 들어오게 되었단다.

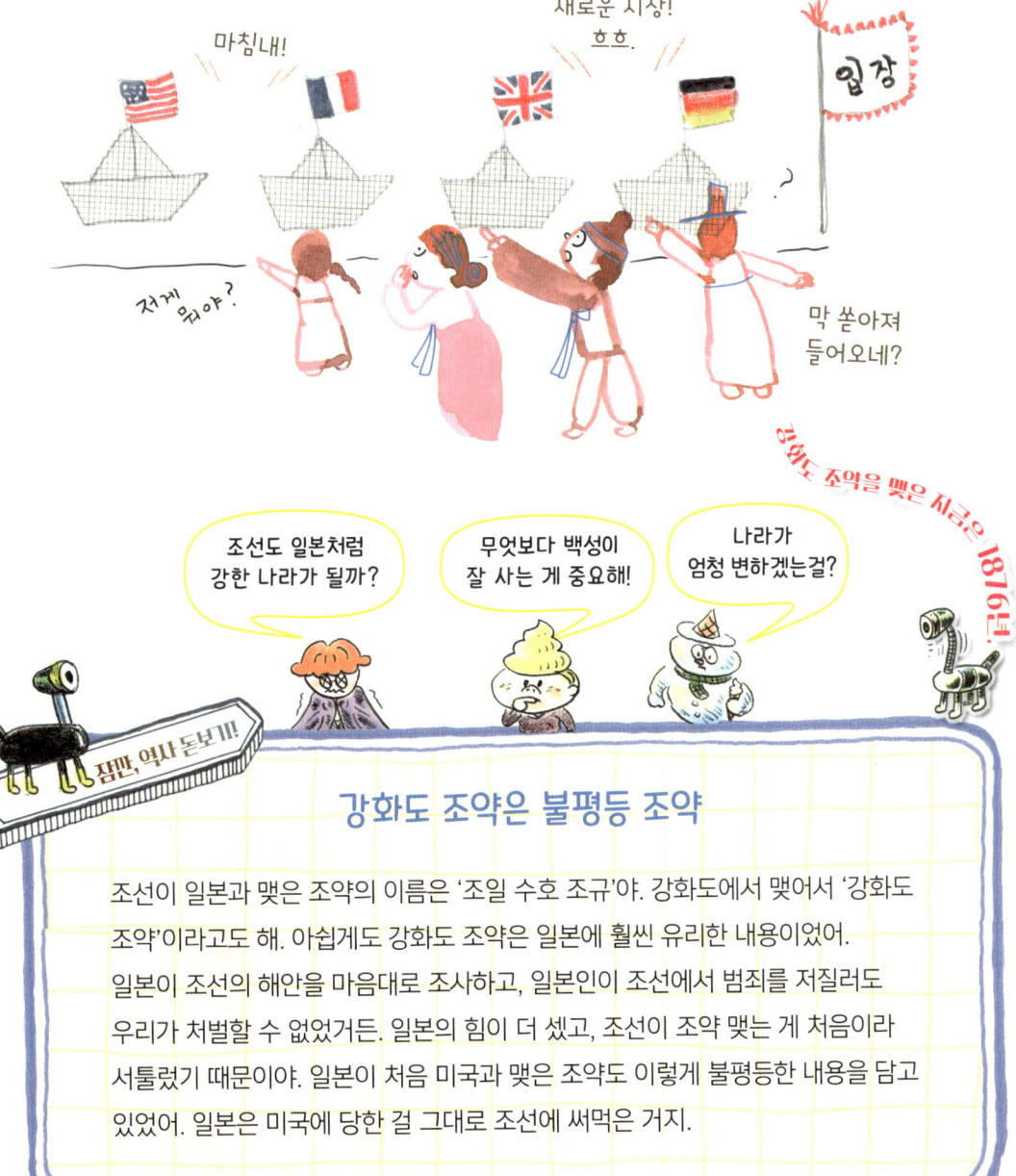

강화도 조약은 불평등 조약

조선이 일본과 맺은 조약의 이름은 '조일 수호 조규'야. 강화도에서 맺어서 '강화도 조약'이라고도 해. 아쉽게도 강화도 조약은 일본에 훨씬 유리한 내용이었어. 일본이 조선의 해안을 마음대로 조사하고, 일본인이 조선에서 범죄를 저질러도 우리가 처벌할 수 없었거든. 일본의 힘이 더 셌고, 조선이 조약 맺는 게 처음이라 서툴렀기 때문이야. 일본이 처음 미국과 맺은 조약도 이렇게 불평등한 내용을 담고 있었어. 일본은 미국에 당한 걸 그대로 조선에 써먹은 거지.

총탄 자국이 남아 있는 역사의 현장
강화도

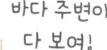

초지진

우리나라에서 네 번째로 큰 섬 **강화도**에 온 것을 환영해. 여기는 조선 시대 강화도 해안을 지키던 **초지진**이란 곳이야. 옛날부터 외적의 침략을 자주 받았던 강화도에는 해안가 곳곳에 섬을 지키는 요새들이 많이 있어.

"저기 소나무에 페인트로 동그랗게 표시가 되어 있어요."
"뭔가 총탄에 맞은 흔적같이 보여요!"

오, 잘 보았어. 이건 150년 전쯤 전투에서 생긴 포탄 자국이야. 초지진은 프랑스와 미국, 일본과 전투가 벌어졌던 역사의 현장이거든. 그런데 왜 이들은 모두 강화도를 공격했을까? 강화도는 한강이랑 연결되어 있어서 강화도를 차지하면 배를 타고 한양으로 쉽게 갈 수 있었기 때문이야.

소나무 총탄 자국

이렇게 강화도는 침략 기지가 될 수도 있었지만 방어 기지로 쓰일 수도 있었어. 기억나니? 고려가 몽골의 침략을 막기 위해 수도를 강화도로 옮긴 거 말이야. 육지와의 거리는 가깝지만, 강화도 앞바다의 물살이 아주 세서 배로 오기 쉽지 않았어. 강화도에는 이때 만들었던 고려 왕궁 터가 아직 남아 있단다.

빈터만 남아 있네.

고려 왕궁 터

초지진에서 차를 타고 섬 안쪽으로 10분만 들어가면 병인양요 때 프랑스군을 무찔렀던 삼랑성이 나와. 당시의 상황을 좀 더 자세히 알아보고 싶다면 강화 역사 박물관에 가 보는 것이 좋아. 여기서는 강화도 역사의 모든 것을 상세히 소개하고 있으니까. 신미양요 때 미군과 벌인 전투는 실물 크기의 모형으로 실감 나게 전시해 놓기도 했지.

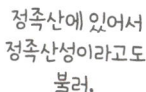
정족산에 있어서 정족산성이라고도 불러.

강화 역사 박물관 길 건너에 있는 고인돌 공원도 빼놓을 수 없는 곳이야. 청동기 시대의 고인돌부터 150여 년 전 전투의 흔적까지, 강화도는 정말 오랜 역사를 품고 있는 곳이란다.

삼랑성

전쟁이다!

강화 역사 박물관 내부

역사 인증 숏

1. 초지진의 소나무 포탄 자국 찾기
2. 삼랑성에서 양헌수승전비 찾기
3. 고인돌 공원의 고인돌 크기 재 보기

3. 나라의 문을 여니 조선이 울렁울렁?

잘 봐! 강화도 조약을 맺고 두 달 뒤, 조선은 일본에 **수신사**를 보냈어. 수신사는 일본에 보낸 사신을 부르는 말인데, 강화도 조약을 맺을 때 일본이 초청하여 떠나게 된 거야.

일본에 다녀온 수신사의 보고

출발에 앞서 고종은 특별히 당부하였지.

"일본에 가거든 그곳 사정을 자세히 살펴보고, 보고할 만한 건 빠짐없이 적어 오도록 하라."

"예, 전하."

70여 명의 수신사 일행은 한 달 남짓 일본에 머물면서 대접을 잘 받았어. 또 일본의 안내를 받아 서양식으로 변한 일본의 모습을 여기저기 보고 돌아왔어.

그러고는 고종에게 자세히 보고했지. 일본은 여러 가지 서양 기계를 들여와 이미 잘 다루고 있으며, 나라를 강하고 부유하게 만들기 위해서 노력한다고 말이야. 보고를 받은 **고종은 일본을 통해 서양 문물을 받아들이는 데** 힘썼어. 몇 해 뒤에는 서양식 군대인 별기군을 만들고 일본인 교관에게 훈련을 맡겼단다. 별기군은 신식 군대, 예전부터 있던 관군은 구식 군대가 된 거야.

> 고종은 조선을 서양처럼 강하고 부유한 나라로 만들고 싶어 했어.

구식 군대의 이유 있는 반란

그런데 문제가 생겼어. 별기군은 대우가 좋았는데, **구식 군대는 대우가 형편없었거든.** 그나마 월급으로 조금씩 받던 쌀도 일 년 넘도록 나오지 않았어. 13개월 만에 겨우 한 달 치 쌀을 받았는데, 알맹이 없는 쌀겨에 모래까지 섞여 나온 거야.

분노한 군인들은 마침내 반란을 일으켰어. 그동안 쌓인 불만이 폭발한 거야. 관청을 습격하고 별기군 훈련장을 쑥대밭으로 만들었지. 여기에 일본에 불만을 품은 백성들까지 합세하면서 반란은 걷잡을 수 없이 커졌어. 일본 물건이 쏟아져 들어오면서 먹고살기 힘들어진 백성들이 많았거든. 이들은 일본인뿐 아니라 일본과 친하게 지내던 관리들까지 공격했어. 일본 외교관이 일하는 건물을 습격하고 왕이 있는 궁궐까지 쳐들어가 관리들을 죽였단다. 이렇게 시작된 반란을 **임오군란**이라고 불러. 임오년(1882년)에 군인들이 일으킨 반란이란 뜻이야.

일본이 나가니 청나라가 들어와

임오군란은 고종이 흥선 대원군을 모셔 오고 나서야 겨우 잠잠해졌어. 반란군들은 흥선 대원군이 나라를 다스리길 원했거든. **일본 세력을 몰아내고 이전처럼 나라 문을 꼭 닫기를**

바란 거야. 이 일로 한동안 정치에서 손을 뗐던 흥선 대원군이 다시 권력을 잡게 되었지.

흥선 대원군은 별기군을 없애 버리고 고종이 바꾼 여러 가지 제도를 옛날로 되돌렸어. 하지만 문제가 생겼어. 임오군란으로 피해를 입은 일본이 조선으로 군대를 보내기로 한 거야. 흥선 대원군은 부랴부랴 **청나라에 구원병을 요청**했어.

안 그래도 일본과 조선이 조약을 맺은 걸 못마땅하게 여기던 청나라는 옳다구나 군대를 보냈지. 청나라 군대는 일본군보다 먼저 인천으로 들어왔단다. 그런데 한양으로 들어온 청나라 군대는 뜻밖에도 **흥선 대원군을 납치**해서 청나라로 끌고 가 버렸어. 임오군란을 일으켰던 반란군도 꼼짝 못 하게 만들고는 고종이 다시 나라를 다스리도록 했지.

그러면서 고종이 하는 일에 사사건건 간섭하기 시작했어. 임오군란을 겪은 고종은 서양 문물을 더 많이 받아들여 나라를 바꾸려고 했는데, 이 **모든 것을 청나라가 간섭**한 거야. 청나라 기술자들을 불러서 서양식 무기를 만드는 관청을 만들고, 조선군의 훈련도 청나라군에게 맡겼어.

이번 기회에 조선과 청나라도 조약을 맺었는데, 이건 강화도 조약보다 훨씬 더 불평등했어. 그런 탓에 청나라에 불만을 가진 사람들이 늘어났단다.

청나라가 조선에 군대를 보낸 까닭은?

임오군란이 일어날 무렵, 청나라도 서양식으로 나라를 바꾸고 있었어. 서양의 여러 나라들과 벌인 몇 차례의 전쟁에서 모두 지고 말았거든. 거기다 큰 반란까지 일어나서 나라가 무너질 지경이었는데, 새로운 무기를 들여오고 군대를 서양식으로 바꾸면서 다시 힘을 키울 수 있었지. 그 덕분에 이전까지 신경을 별로 못 썼던 조선에도 관심을 가질 수 있게 되었고, 흥선 대원군의 요청을 받자 바로 군대를 파견한 거야.

젊은 그들의 삼일천하, 갑신정변

임오군란이 일어나고 2년쯤 지난 어느 날, 여전히 청나라 군대가 머물고 있는 때야. 한양 북촌의 양반집 사랑채에 젊은 관리들이 모였어.

"드디어 때가 왔네!"

제일 나이가 들어 보이는 사람이 목소리를 낮춰 말했어. 이 사람의 이름은 김옥균이야. **청나라를 몰아내고 조선을 새롭게 바꿔야 한다고 주장하는** 개화당의 리더지. 개화당에는 철종의 사위였던 박영효, 조선의 사절단으로 일본과 미국을 방문했던 홍영식, 일본 육군 학교에서 유학한 서재필 등이 함께 했어. 김옥균은 주위를 한번 살피고는 말을 이었어.

"일본이 군대를 보내 주기로 했어. 지금이 바로 청나라를 몰아내고 조선을 바꿀 기회야!"

김옥균은 자신의 계획을 말했어. 조선 최초의 우체국인 우정총국이 문을 여는 날, 군사를 일으켜 권력을 잡자는 거야. 이날 저녁 축하 잔치에 오는 높은 벼슬아치들을 죽이고 국왕을 위협하면 된다고 했어. 마침 홍영식이 우정총국 최고 관리가 되었기에 가능한 일이었지.

드디어 **우정총국이 문을 여는 날**, 모든 것은 개화당의 계획대로 되는 듯했어. 청나라와 친한 고위 관리들을 처단하고 고종을 압박해서 개화당 사람들이 높은 벼슬을 차지하는 데도 성공했어. 이 사건을 **갑신정변**이라고 불러. 갑신년(1884년)에 일어난 정치의 큰 변화란 뜻이야. 하지만 3일 후 청나라 군대가 출동하면서 상황은 뒤바뀌었어. 지원을 약속했던 일본군이 제대로 싸우지 않고 달아나 버렸거든. 백성들도 일본을 등에 업은 개화당을 좋아하지 않았어. 결국 갑신정변은 삼일천하로 끝나고 개화당 사람들은 죽거나 일본으로 도망치고 말았단다.

4. 세상을 바꾸자! 농민들이 일어났어

지금은 1894년이야.

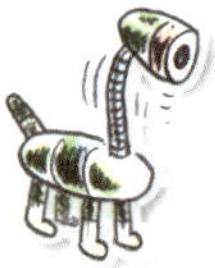

저기 봐! 갑신정변이 실패로 끝난 지 10년 뒤, 전라도 고부군 말목장터에 천여 명의 농민들이 모였어. 손에는 대나무를 잘라 만든 죽창이나 쇠스랑, 곡괭이 등을 들고 말이야. 모두 잔뜩 흥분한 모습이 무슨 일이 벌어질 것 같아. 키가 자그마한 사람이 앞으로 나오더니 우렁찬 목소리로 외쳤어.

"여러분! 더 이상은 고부 군수 조병갑을 가만둘 수 없습니다. 이놈은 제멋대로 우리 백성들의 재물을 빼앗고 세금을 도둑질했습니다. 나라에 아무리 호소해도 소용이 없으니, 우리 동학교도들이 앞장서서 조병갑을 처단합시다!"

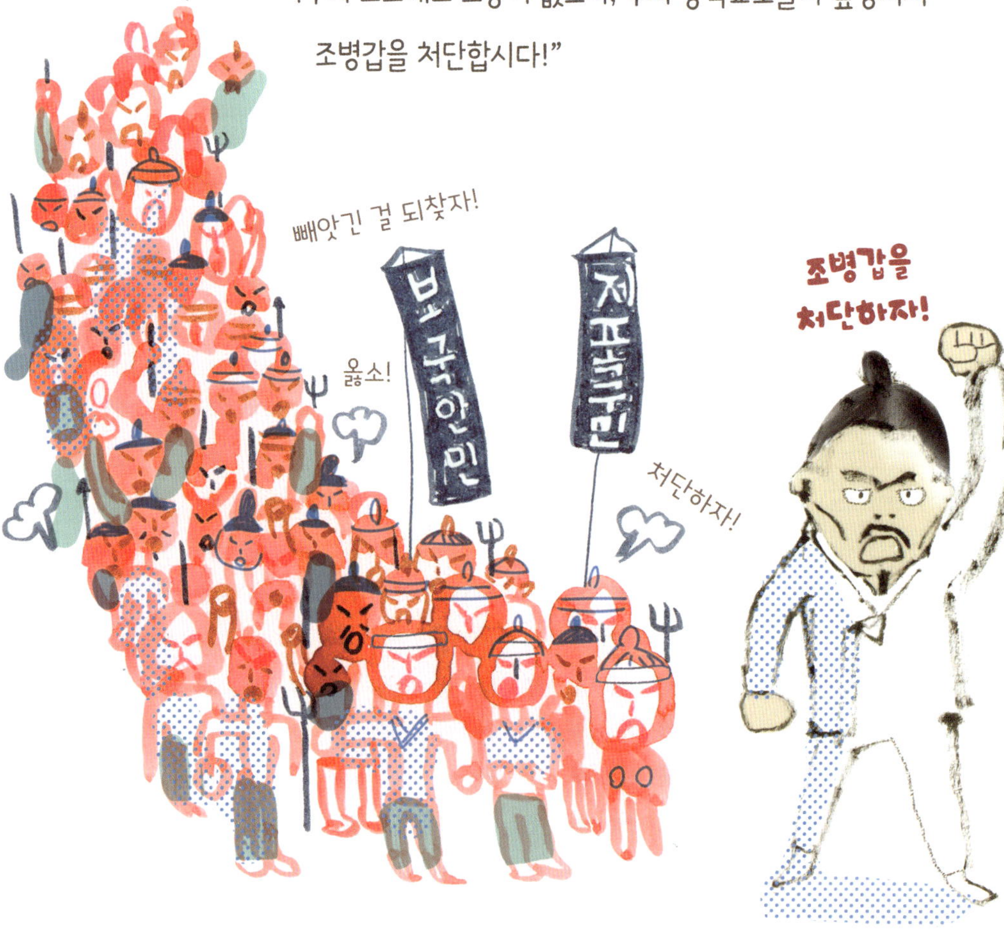

빼앗긴 걸 되찾자!

옳소!

처단하자!

조병갑을 처단하자!

이 사람의 이름은 **전봉준**. 이 지역 동학 조직의 우두머리지. 이 무렵 동학은 농민들 사이에 널리 퍼져 있어서, 농민들이 봉기를 할 때 동학 조직이 앞장을 선 거야. 전봉준이 이끄는 동학 농민군이 고부 관아를 습격했지만 조병갑은 이미 달아나고 없었어. 전봉준은 관아에 산처럼 쌓여 있던 쌀을 풀어 농민들에게 나눠 주었단다. 이건 **원래** 농민들의 것이었거든.

동학군이 전주성을 점령했어

전라도 고부에서 농민 봉기가 일어났다는 소식을 들은 조정에서는 우선 원인을 조사했어. 그 결과 조병갑의 잘못이 드러나자 그를 잡아 가두고 새로운 관리를 보냈지.

그런데 **새로 온 관리는 동학의 뿌리를 뽑겠다며** 농민들을 죽이고 재물까지 빼앗았단다. 그러자 더 많은 동학 농민들이 들고일어났어. 다른 지역의 농민들도 함께했지. 이 무렵 **농민들은 나라에 불만**이 많았어. 조병갑처럼 백성을 괴롭히는 지방관이 수두룩한데 높은 벼슬아치들은 일본과 청나라를 등에 업고 자기들끼리 권력 싸움을 벌이고 있었으니까.

나라에서는 관군을 보내 동학 농민군을 진압하려고 했어. 훈련도 제대로 못 받고 무기도 부족한 농민군이 관군을 이길 수 있을까? 그런데 기적 같은 일이 일어났어. **황토현**이라는

곳에서 벌어진 전투에서 농민군이 관군을 크게 이긴 거야. 거짓으로 지는 척하면서 관군을 유인한 후 새벽에 기습을 한 작전 덕분이었어. 기세를 올린 농민군은 전라도에서 가장 큰 **전주성까지 점령**했단다.

청나라와 일본이 조선 땅에서 전쟁을?

전주성이 함락되었다는 소식을 들은 고종은 청나라에 군대를 요청했어. 아버지 흥선 대원군이 임오군란 때 그랬던 것처럼 말이야. **청나라가 군대를 보내자 곧이어 일본도 군대를 파견**했어. 이번 기회에 청나라를 제치고 조선을 차지하기 위해서였지. 청나라와 일본군이 한꺼번에 들어오자 고종은 깜짝 놀랐어. 두 나라가 전쟁이라도 벌인다면 그 피해는 고스란히 조선이 받아야 했으니까. 동학군도 그렇게 되는 것을 원치 않았어. 그래서 **관군과 동학군은 싸움을 중단하고** 청나라와 일본군에게 돌아갈 것을 요구했지. 하지만 일본군은 오히려 경복궁을 차지하고는 청나라 군대까지 공격했어. **청일 전쟁**이 시작된 거야.

일본군은 두 달 만에 조선에 있던 청나라 군대를 휩쓸어 버렸어. 그러면서 조선을 자기들 마음대로 주무르기 시작했지. 상황이 이렇게 되자 **동학군은 다시 한번 일어섰어.** 이번에는 관군이 아니라 일본군과 맞서기 위해서였어.

동학 농민군과 전봉준의 최후

1894년 11월, 전봉준이 이끄는 동학 농민군이 일본군, 관군과 **공주 우금치** 고개에서 맞붙었어. 숫자는 동학군이 몇 배나 많았지만 무기는 일본군과 관군이 훨씬 좋았어. 동학군은 임진왜란 때 쓰던 조총이나 화승총이 고작이었고 그마저 없어 죽창을 든 사람도 많았어. 영국제 소총과 미국제 기관총으로 무장한 관군과 일본군에겐 상대가 안 되었지.

전투가 시작되자 동학군은 용감하게 나아갔지만 쏟아지는 총알에 제대로 싸워 보지도 못하고 픽픽 쓰러졌어. 그래도

동학군은 돌격을 멈추지 않았어. 시체가 산처럼 쌓이고 피가 강물처럼 흐를 지경이 되어서야 눈물을 머금고 물러섰지. 우금치 전투 이후에도 **동학군은 패배를 거듭하다 결국 뿔뿔이** 흩어지고 말았어.

농촌 마을에 숨어 있던 전봉준은 현상금을 탐낸 옛 부하의 밀고로 잡히고 말아. 한양으로 끌려온 전봉준은 모진 고문을 받았지만 끝까지 동료들의 이름을 팔지 않았어. 자신이 한 일에 대해서도 당당하게 말했지. 하지만 결국 **반역죄로 사형**을 당하고 말았단다. 이때가 그의 나이 41세. 가난한 양반 집안에서 태어나 아이들에게 한문을 가르치던 훈장 선생님은 탐관오리의 횡포에 맞서 농민군을 이끌다가 형장의 이슬로 사라지게 된 거야.

갑신정변이 벌어진 최초의 우체국
우정총국

 이 기와집이 우체국이었대.

앞에 엄청 큰 나무가 있네.

여기는 서울 종로에 있는 **우정총국**이야. 우리나라에 최초로 생긴 우체국이지. 김옥균 등 개화당이 갑신정변을 일으켰던 역사의 현장이기도 하고. 지금은 우편 제도의 역사를 소개하는 '우정총국 체신 박물관'으로 운영되고 있어.
저 나무는 300살도 더 된 회화나무야. 갑신정변이 일어난 게 1884년이니까 이 나무도 그날의 사건을 보았을 거야.
건물 안으로 들어가니 옛날 사진 한 장이 보이네. 조선 관리들과 미국인들이 함께 찍은 흑백 사진이야. 그 아래 '**보빙사**'라는 안내문이 보이지?
보빙사는 고종이 미국으로 보낸 외교 사절단이야. 보빙사의 일원으로 미국에

홍영식

가서 뉴욕 우체국 등을 둘러보았던 홍영식이 고종에게
건의해 우정총국이 세워졌단다. 그래서 **홍영식**이
우정총국의 최고 관리인 우정국 총판이 되었던 거지.

집배원 모형

홍영식은 스무 살도 되기 전에 과거에 급제해
벼슬길에 올랐어. 아버지가 영의정을 지낸 명문가
출신이었지. 우정국 총판이 되었을 때는 갓 서른
살이었어. 하지만 갑신정변이 실패로 끝나면서
홍영식도 죽임을 당했단다. 이 일로 우정총국은 폐쇄되고 우편 업무는 다른
곳에서 보게 되었어.

홍영식 흉상 맞은편에는 우정총국이 생길 무렵
최초로 만들어진 **우표**가 있어. 1900년대 우체국에서
썼던 **도장**과 자 같은 도구들도 있고, 당시 편지를
배달하던 **집배원**들이 입었던 옷이랑 우리나라
최초의 여행용 여권도 보이는구나. 그 옆으로는 세계
여러 나라의 우체통 모형도 있으니 천천히 둘러보자고.

5문   10문

최초의 우표

역사 인증 샷

1. 우리나라 최초의 우표와 여권 구경
2. 갓 쓰고 곰방대 문 100여 년 전
   집배원 찾기
3. 세계의 우체통 비교하기

2. 흔들리는 나라를 지켜라

고종과 대한 제국

저기 봐!

지금은 1897년.

성대한 행사가 벌어지고 있지?
고종이 나라 이름을 대한 제국으로 바꾸고
스스로 황제에 오르는 행사야.
500년 넘게 지켜 온 조선이란 이름까지 버리다니,
그사이 무슨 일이 있었던 걸까?
2년 전으로 돌아가 보자.

지금부터
우리나라는
대한 제국이니라!

대한 제국?

조선은 어찌 되는 거지?

1. 침략의 발톱을 드러낸 일본

쉿!! 동학 농민 운동이 일어난 다음 해 초가을 어느 날, 아직 어두운 새벽인데 경복궁에 일본인들이 밀어닥쳤어. 모두 총이나 칼을 들었는데, 군복을 입은 사람도 보여.

"탕! 탕! 탕!"

총소리가 나면서 궁궐을 지키던 조선군 몇이 쓰러졌어. 일본인들은 궁궐 안쪽으로 뛰어 들어가더니 수백 미터를 달려서 경복궁 제일 안쪽 고종이 머물던 건청궁에 이르렀어. 궁궐 안을 지키는 군사들이 막아섰지만 소용이 없었어. 건청궁 안으로 밀려들어 간 일본인 하나가 벌벌 떠는 궁녀에게 칼을 겨누며 소리쳤어.

"왕비는 어디 있나? 왕비를 내놓아라!"

일본인들은 닥치는 대로 방문을 부수고 사람들을 끌어냈어. 고종과 세자 앞에서도 이들은 위협을 멈추지 않았어. 고종의 옷이 찢어지고 세자가 상투를 잡히기도 했다니까. 이때 다른 건물에서 누군가 소리쳤어.

"왕비다! 왕비를 찾았다!"

궁녀들 틈에 섞여 있던 왕비를 발견한 일본인들은 칼을 휘둘렀어. 이렇게 조선의 왕비는 경복궁에서 일본인에게 살해를 당하고 말았지. 세상에, 어떻게 이런 일이 벌어지게 된 걸까?

일본에 맞선 조선의 왕비를 죽이다니

일본은 조선의 왕비를 눈엣가시로 여겼어. 왕비가 고종을 도와서 일본에 맞섰기 때문이야. 왕비인 명성 황후(이건 고종이

황제가 된 뒤에 붙여 준 이름이야.)는 아주 똑똑해서 이전부터 고종이 나랏일 하는 걸 잘 도와주었지. 청일 전쟁에서 이긴 일본이 조선을 마음대로 주무르자 명성 황후가 고종에게 말했어.

"전하, 일본을 막으셔야 하옵니다."

"나도 그리 생각하오. 하지만 우리 힘이 약하니, 무슨 방법이 있겠소?"

"듣자 하니 청일 전쟁에서 이긴 일본이 청나라에게 땅을 받기로 했다고 합니다. 그런데 독일과 프랑스, 러시아가 함께 나서서 이를 막았다고 하옵니다."

"그건 나도 알고 있소."

"독일과 프랑스는 멀리 있으니, 가까운 러시아와 손을 잡고 일본을 막는 건 어떻습니까?"

"옳은 말씀이요. 사실 나 또한 그리 생각하고 있었소."

이때부터 **고종은 러시아를 가까이하고 일본을 멀리**했어. 일본과 친한 신하들 대신 러시아와 가까운 신하들에게 중요한 나랏일을 맡겼지. 일본은 이 모든 것이 **왕비가 꾸민 일이라 생각**했고, 마침내 군인과 무사들을 보내서 명성 황후를 죽여 버린 거야.

잠깐, 역사 돋보기!

내 머리는 잘라도 머리카락은 못 자른다

명성 황후가 죽고 얼마 뒤, 긴 상투를 짧게 자르라는 '단발령'이 내려졌어. 서양식으로 나라를 바꾸기 위해 머리도 짧게 자르란 거였지. 하지만 백성들은 명성 황후를 죽인 일본이 머리까지 자르게 한다며 분개했어. 유교에서는 부모로부터 물려받은 건 머리카락 하나라도 소중하게 여기라고 가르쳤거든. 그래서 남자들도 머리를 길러 상투를 틀었지. 때마침 고종이 전국 각지에 일본과 싸우라는 비밀 편지를 보내자, 임진왜란 때처럼 항일 의병들이 일어났단다.

가마 속에 누가 탔을까?

명성 황후를 죽인 일본은 다시 조선을 마음대로 주무르기 시작했어. **고종을 위협**해서 일본과 친한 신하들에게 나랏일을 맡기도록 했지. 아내를 잃은 고종은 자기도 언제 죽을지 몰라 불안에 떨어야 했어. 일본의 허락 없이는 마음대로 밖에 나갈 수도 없어서 궁궐에 갇혀 지냈고 말이야.

그렇게 몇 달이 흐른 어느 날 새벽. 아직 깜깜한 궁궐 밖으로 가마 두 대가 조용히 빠져나갔어. 평소에 궁녀들이 타고 다니는 가마라 궁궐을 지키는 군사들도 별 의심 없이 보내 줬지. 궁궐을

빨리, 빨리!

나온 가마는 쏜살같이 **러시아 공사관**으로 향했어. 공사관이란 다른 나라 외교관인 공사가 일하는 곳을 말해. 당시 서울의 정동에는 러시아, 미국, 영국, 독일 등 여러 나라의 공사관이 모여 있었단다. 러시아 공사관으로 들어간 가마에서는 **궁녀 대신** 고종과 세자가 내렸어. 일본을 피해서 러시아 공사관으로 도망쳐 온 거야. 이때부터 1년 동안 고종은 러시아 공사관에 머물면서 나라를 다스렸어.

『독립신문』을 만들고 독립문도 세우고

러시아 공사관으로 온 고종은 제일 먼저 관리들을 새로 임명했어. 일본과 친한 신하들을 쫓아내고 러시아, 미국 등과 친하면서도 왕의 말을 잘 따르는 신하들을 불렀지. 이제 일본의 영향력은 약해졌지만 다른 문제가 생겼어. **고종을 도와준 러시아가 대가를 요구하고** 나선 거야. 러시아는 조선의 나무를 베어 가는 삼림 벌채권, 금과 은을 캐어 가는 광산 채굴권 등을 가져갔단다. 그러자 **미국과 독일, 영국 등도 앞다투어** 여러 가지 이익들을 챙겨 갔지. 백성들은 이러다간 나라마저 빼앗기는 것이 아닌가 걱정했어.

그러던 어느 날, 러시아 공사관에 서재필이 찾아왔어. 갑신정변이 실패한 후 일본으로 도망쳤던 서재필은 미국으로 가서 우리나라 최초의 의사가 되어 돌아왔단다. 고종은 서양 사정에 밝은 서재필에게 앞으로 조선이 가야 할 길을 물었어.

"전하, 지금 조선은 안팎으로 어려움을 겪고 있습니다. 특히 힘센 나라들이 우리를 야금야금 차지하는 형편입니다. 이럴 때일수록 백성들의 독립 의식을 높이는 것이 꼭 필요합니다. 허락해 주신다면 제가 그 일을 해 보겠습니다."

"오, 좋은 생각이로구나. 나도 지원을 아끼지 않겠다."

서재필은 고종의 도움을 받아 우리나라 최초의 한글 신문인 『**독립신문**』을 만들었어. 청나라 사신을 맞이하던 영은문이 있던 자리에는 **독립문**을 만들어서 자주독립의 상징으로 삼았지. 그러면서 **독립 협회**라는 단체를 만들어 자주독립 운동을 이끌어 갔단다.

2. 이제는 황제의 나라 대한 제국이야

두둥! 1897년 2월 20일. 경복궁을 몰래 빠져나온 지 딱 1년째 되는 날, 고종의 행차가 러시아 공사관을 나섰어. 들어갈 때 탔던 가마와는 비교할 수 없이 화려한 가마를 타고, 앞뒤로 군사와 신하들이 긴 행렬을 이루었지. 드디어 고종이 궁궐로 돌아가는 거야.

돌아가자, 경운궁으로

고종의 행차가 이른 곳은 경운궁(지금의 덕수궁)이야. 경운궁은 임진왜란 때 경복궁이 불타자 선조가 임시로 머물면서 궁궐이 되었어. 고종이 **경복궁 대신 경운궁**을 고른 데는 이유가 있어. 경복궁은 또다시 일본군이 쳐들어올 염려가 있었거든. 경운궁은 주변에 여러 나라의 공사관이 몰려 있어서 만일의 사태에 대비할

수 있었지. 왕비가 죽임을 당한 경복궁으로 돌아가는 게 싫기도 했고. 그래서 오랫동안 비어 있던 경운궁을 다시 크게 짓고 들어온 거야.

조선에서 대한 제국으로

저기 봐! 경운궁으로 온 지 몇 달 후, 다시 고종의 행차가 궁궐 문을 나섰어. 이번엔 지난번보다도 훨씬 더 화려하네. 제일 앞에 태극기가 앞장을 서고 뒤따르는 가마에는 열두 가지 무늬가 새겨진 노란 옷을 입은 고종이 탔어. 가만, 원래 조선 왕은 붉은 곤룡포를 입지 않았나? 맞아, 이건 황제만 입을 수 있는 황룡포야. 나라 문을 연 뒤로 늘 **중국 황제 아래 있던 조선 왕이 처음으로 황제가 된** 거란다.

고종의 행차는 경운궁 가까이에 있는 환구단으로 향했어.

환구단은 황제가 하늘에 제사를 지내는 곳이야. 여기도 고종이 황제가 되면서 처음 만들었어. **하늘에 황제가 되었음을 알린 고종**은 경운궁으로 돌아와 황금색 옥좌에 앉아서 세자와 신하들의 축하 인사를 받았어. 고종은 **나라 이름도 조선에서 대한 제국으로** 바꾸었단다. 아, 고종이 황제가 되었으니 세자도 태자로 불러야겠군. 왕이 될 아들은 왕세자, 황제가 될 아들은 황태자라고 불렀거든.

나라 이름을 대한 제국으로 바꾼 까닭은?

조선은 명나라가 정해 준 이름이야. 태조 이성계가 나라를 세운 다음에 조선과 화령 중에서 나라 이름을 정해 달라고 명나라에 부탁했거든. 새로운 나라를 세운 걸 큰 나라인 명나라에 인정받기 위해서였지. 그런데 이제 우리도 황제의 나라가 되었으니 황제의 나라에 걸맞은 이름을 새로 지은 거지. '대한'이란 '삼한(진한, 마한, 변한)이 하나가 된 나라'라는 뜻이야. '제국'은 '황제가 다스리는 나라'라는 뜻이고. 대한은 고종이 직접 지은 이름이란다.

힘세고 잘사는 나라를 만들자

고종이 대한 제국을 선포하고 황제가 된 것은 우리도 <mark>자주독립 국가라는 걸 전 세계에 알리기 위해서</mark>였어. 더 이상 중국뿐 아니라 다른 나라의 간섭을 받지 않겠다는 뜻이었지. 하지만 이건 나라 이름을 바꾸었다고 저절로 되는 일이 아니었어. 나라의 힘이 뒷받침되어야 가능한 일이었지.

고종도 이 점을 잘 알고 있었어. 그래서 대한 제국을 선포한 뒤에 <mark>힘세고 잘사는 나라를 만들기 위해 많은 노력을</mark> 기울였단다. 땅 넓이를 정확히 재서 세금을 제대로 걷고, 서양의 기계를 들여와서 공장을 지었어. 우리 힘으로 철도를 만들 계획도 세웠지. 또한 나라를 이끌어 갈 새로운 인재를 키우기 위해서 학교를 세우기도 했어. 과거 시험을 준비하는 옛날 학교가 아니라 서양의 학문을 배우는 신식 학교를 말이야.

양복 입고 전차 타고

  대한 제국이 문을 연 지 2년쯤 지난 어느 날, 서울 동대문 주변에 사람들이 구름처럼 몰려들었어. 오늘 정식 운행을 시작하는 전차를 보기 위해서야. 전차는 요즘 전철의 할아버지뻘이라고 생각하면 돼. 전기로 움직이는 건 같은데, 훨씬 작고 땅 위로만 다니지. 전차 개통을 축하하는 행사장에는 커다란 태극기와 성조기가 나란히 걸려 있어. 이때 전차를 만든 건 미국인들이었거든. 이들은 고종의 도움을 받아 아시아에서 두 번째로 서울에 전차를 만들었단다.

  종소리를 울린 전차가 차고지를 출발했어. 이걸 보는 사람들은 입을 떡 벌리고 탄성을 지르는군. **전기의 힘으로 가는 차는 처음** 보았으니까. 소나 말이 끌지 않아도 스스로 달리는 자동차만 해도 놀라웠는데, 그보다 몇 배나 큰 차가 저절로 움직이니 더욱 놀랄 수밖에.

대한 제국 때 들어온 서양 문물은 전차만이 아니야. 서양의 옷과 음식, 집도 들어왔어. 사람들은 이것들에 **서양의 '양' 자를 붙여 양복, 양식, 양옥**으로 불렀어. 시간이 지나면서 양복을 입고 커피를 마시며 전차를 타는 게 점점 흔한 일이 되었지. 거리의 풍경뿐 아니라 사람들의 생활도 바뀌게 되었단다.

고종 황제 커피 암살 미수 사건

고종은 이름난 커피 애호가였어. 고종이 커피를 즐기기 시작한 건 러시아 공사관으로 옮기기 전부터라고 해. 궁궐을 찾은 외국인에게 커피를 대접할 정도였다니까. 이런 고종의 커피 사랑을 이용해서 그를 죽이려는 일도 있었어. 귀양살이를 하게 된 김홍륙이란 신하가 몰래 고종의 커피에 아편을 탄 거야. 마약인 아편은 한꺼번에 많이 먹으면 죽음에 이르거든. 냄새가 이상한 걸 느낀 고종은 커피를 마시지 않아서 목숨을 건졌단다.

대한 제국 황제의 궁궐
덕수궁

와, 옛날 모습 그대로 멋지다.

여기는 덕수궁의 정문인 **대한문**이야. 고종이 황제가 되기 위해 환구단에 제사를 지내러 나선 문도 바로 이곳이야. 여기서 5분 정도만 걸어가면 **환구단**이 있었거든. 아쉽게도 지금은 환구단이 사라지고 없어. 나중에 조선을 차지한 일본이 환구단을 헐고 호텔을 지어 버렸거든. 다행히 환구단에 딸린 건물이었던 **황궁우**는 아직 남아 있단다.

황궁우

일본이 없앤 건 환구단만이 아니었어. 덕수궁의 크기도 줄이고 안에 있던 건물도 대부분 헐어 버렸지. 지금 있는 건물은 원래의 10%도 안 된다니까. 덕수궁의 중심 건물인 중화전도 원래는 담장으로 둘러싸여 있었는데, 지금은 담장 없이 대문만 남아 있어.

이건 덕수궁 석조전이야. 대한 제국을 선포한 고종이 중화전을 대신할 건물로 지었지. 서양의 문물을 적극적으로 받아들였던 고종은 서양식 건물도 여러 채 지었어. 그중에서도 석조전은 가장 크고 멋진 건물이야.

하지만 10년간의 공사 끝에 석조전이 완성되던 해, 대한 제국은 일본의 식민지가 되고 말았어. 이후 고종이 일을 하거나 사람을 만나던 장소로 사용하던 석조전은 1930년대부터는 미술관으로 바뀌었다가 지금은 석조전 대한 제국 역사관으로 다시 태어났어.

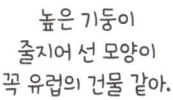 높은 기둥이 줄지어 선 모양이 꼭 유럽의 건물 같아.

 앞에 분수도 있어.

석조전

석조전 내부는 고종이 사용하던 옛 모습 그대로 꾸며 놓았어. 다행히 그 시절 사진이 남아 있었거든. 정말 화려하지? 하지만 고종의 마음은 편치 않았을 거야. 2층에는 서재와 침실도 있으니 찬찬히 둘러보자고.

 마치 서양의 왕궁 같아.

 고종의 손님맞이 방이 그대로 남아 있어!

역사 인증 숏

1. 대한문 앞 수문장 교대식 구경하기
2. 석조전에서 100여 년 전 서양식 화장실 찾기
3. 동서양이 조화를 이룬 건물인 정관헌 둘러보기

황제 침실

3. 황제에서 백정까지, 나라를 지키자

무슨 공연이라도 열리는 걸까? 서울 종로 한복판에 사람들이 구름처럼 모여들었어. 모두 앞에 있는 천막 친 무대만 바라보고 있네. 이윽고 무대 위로 흰옷 입은 사람이 올라와 큰 소리로 연설을 하기 시작했어.

"여러분, 저는 우리나라에서 제일 천하고 무식한 백정입니다. 하지만 임금께 충성하고 나라를 사랑하는 뜻을 대강 알고 있습니다. 먼저 신하와 백성이 마음을 하나로 모아야 합니다. 마치 천막을 장대 하나로 받치면 쉽게 쓰러지지만, 여러 개로 세우면 튼튼해지듯이 말입니다!"

무대 아래 사람들은 박수를 치며 함성을 질렀어.

"와! 몇 명이야?"

"옳소!"

대한 제국의 촛불 집회, 만민 공동회

지금은 1898년.

이건 독립 협회가 연 **만민 공동회**야. 많은 사람이 모여서 자신의 주장을 소리 높여 외치는 집회였지. 만민 공동회에 참여한 사람들은 애국심과 독립 의식을 높이고, 조선을 야금야금 갉아먹는 외국 세력을 몰아내야 한다고 주장했어. **황제와 신하들이 잘못한 일을 비판**하고, 백성들도 정치에 참여해야 한다고 목소리를 높였지. 황제를 비판하는 시위를 벌이다니, 요즘으로 치면 촛불 집회 같은 것이로구나.

고종은 만민 공동회의 주장을 받아들여서 독립 협회 사람들을 정치에 참여하도록 했어. 그러면 백성들이 황제를 더욱 믿고 따를 테니까. 하지만 얼마 안 있어 독립 협회를 해산하고 핵심

간부를 체포해 버렸지. 독립 협회가 황제를 끌어내리고 대통령을 뽑으려 한다는 글이 서울 곳곳에 붙었기 때문이야. 하지만 독립 협회 사람들은 억울함을 호소했고, 백성들과 함께 며칠 동안이나 시위를 벌였어. 고종은 할 수 없이 감옥에 있던 간부를 풀어 주고 독립 협회가 다시 활동할 수 있도록 했지. 그러나 고종과 독립 협회는 사이가 점점 나빠졌어. 결국 **고종은 군대를 보내서 독립 협회를 없애** 버렸단다.

이번엔 러시아와 일본이?

독립 협회가 사라지고 몇 해 뒤, 서울 정동에 외국 군대가 모여들기 시작했어. 이를 보던 사람들이 수군거렸지.

"아니, 이게 무슨 일이야?"

"몰랐어? 러시아와 일본이 전쟁을 벌인다잖아!"

"이놈들, 왜 또 남의 나라에서 이러는 건지…."

불안한 건 고종도 마찬가지였어. 러시아와 일본이 팽팽히 맞서고 있으면 그나마 독립을 유지할 수 있는데, **어느 한쪽이 이기면 나라를 빼앗길 수도** 있으니까. 그동안 열심히 군대를 키우고 무기를 들여왔지만 러시아나 일본을 막기에는 한참 모자랐거든.

고민하던 고종은 **중립을 선언**했어. 만약 러시아와 일본이 전쟁을 하면 우리는 어느 편도 들지 않을 테니 우리 땅을 침범하지 말라고 했지. 그리고 한 달이 되지 않아 진짜 전쟁이 일어났어. 일본이 러시아를 먼저 공격한 거야.

그러고는 고종을 위협해서 대한 제국의 영토를 자기들 마음대로 사용할 수 있는 조약을 맺었어. 우리 땅과 항구를 이용해 **북쪽으로 간 일본군은 러시아군과 싸워 승리를 거듭**했지. 러시아는 일본보다 훨씬 더 크고 힘이 셌지만, 러시아의 힘이 너무 커지는 것을 걱정한 영국과 미국이 일본을 도왔거든. 오랫동안 전쟁 준비에 힘썼던 일본도 잘 싸웠고 말이야. 결국 러시아는 대한 제국을 일본에 넘기기로 하고 전쟁을 멈췄어. 청일 전쟁에 이어 러일 전쟁까지 승리한 일본은 이제 마음 놓고 대한 제국을 차지할 수 있게 된 거야.

영국과 미국은 왜 일본을 도왔을까?

이 무렵 영국, 미국, 러시아같이 힘센 서양 국가들은 전 세계를 다니면서 남의 나라를 식민지로 삼았어. 그러면서 서로 싸우거나 힘을 합쳤지. 러일 전쟁 직전에 러시아가 만주를 차지하자 영국과 미국은 러시아를 막기 위해 일본과 손을 잡은 거야. 일본은 대한 제국을 차지하기 위해 러시아와 전쟁을 벌인 거고. 러시아가 불리해지자 미국이 나서서 일본과 조약을 맺고 전쟁을 멈추도록 도왔단다. 그러면서 미국과 영국도 일본이 대한 제국을 차지하는 걸 인정하는 조약을 맺었어. 미국은 일본이 대한 제국을 차지하는 걸 인정하는 대신 필리핀의 지배권을 받았지.

을사늑약으로 외교권을 빼앗겼어

러일 전쟁이 끝나고 두 달 뒤, 일본 천황이 보낸 특사(특별 외교 사절)가 고종을 찾아왔어. 그의 이름은 **이토 히로부미**. 일본 정치를 주무르는 실력자였지.

"대한 제국의 외교권을 대일본 제국에 넘겨주십시오."

"그게 무슨 말이요?"

"외교권을 넘겨주시면 황제 폐하와 가족들은 잘 대접해 드리겠습니다."

세상에, 이건 **대한 제국을 일본의 보호국으로 삼겠다**는 거야. 마치 어린아이를 어른이 보호하는 것처럼 말이지. 이 말을 들은 고종은 단호하게 말했어.

"이건 나라가 망하는 것과 다름없소.
 내가 죽더라도 그럴 수는 없소!"

고종의 반대에 부딪친 이토 히로부미는 작전을 바꿨어. 신하들을 불러서 보호 조약을 맺도록 강요했지. 신하들은 황제 폐하의 허락 없이는 조약을 맺을 수 없다고 버텼어. 그러자 이토는 고종과 신하들이 회의를 열도록 했어. 남의 나라에 온 특사가 황제와 신하들이 회의를 열도록 하다니, 정말 제멋대로군! 근데 여기서 끝이 아냐. 이토는 회의 장소인 경운궁에 일본군을 쫙 깔아서 겁을 주었어.

결국 고종은 대신들에게 협상을 맡기고 한발 물러섰어. 한밤중에 경운궁에서 이토와 신하들이 다시 모였지. 눈치를 보던 대신들 몇몇이 찬성을 하자 이토는 기다렸다는 듯 **대한 제국의 외교권을 빼앗는 조약**을 맺어 버렸어. 이게 바로 **을사늑약**이야.

왜 조약이 아니고 늑약이냐고? 늑약은 강제로 맺은 조약이라는 뜻이야. 조약에는 황제의 도장을 찍어야 하는데, 고종은 도장 찍기를 거부했지. 그러니까 을사늑약은 무효였지만, 일본은 아랑곳하지 않고 대한 제국을 보호국으로 만들어 버렸어. 일본이 정한 통감이 대한 제국의 외교뿐 아니라 중요한 나랏일도 좌우하게 되었지. 첫 통감으로는 이토 히로부미가 임명되었단다.

4. 하늘도 땅도 사람도 울던 날

을사늑약이 맺어지고 이틀 뒤, 『황성신문』을 본 사람들은 깜짝 놀랐어. 신문에 을사늑약이 강제로 맺어지는 과정이 상세히 실렸거든. 원래 일본은 사람들이 반대할 것을 염려해서 한동안 이 사실을 숨기려고 했지만, 『황성신문』에서 진실을 알린 거야.

화가 난 사람들은 행동에 나섰어. 상인들은 가게 문을 닫았고 학생들은 학교에 가는 대신 거리에서 시위를 벌였지. 을사늑약에 반대하는 유서를 남기고 목숨을 끊은 신하들도 줄을 이었어. 전국 곳곳에서 의병들이 벌 떼처럼 일어나서 일본군과 싸웠고 말이야.

가라! 헤이그로

고종도 가만있지 않았어. 우선 을사늑약이 무효라는 편지를 여러 나라에 보냈지.

그리고 네덜란드 헤이그에서 열리는 **만국 평화 회의**에 특사를 보냈어. 만국 평화 회의는 많은 나라가 모여서 평화로운 세상을 만들기 위해 여는 회의였어. 여기에 특사를 보내서 대한 제국의 억울함을 호소한다면 **다른 나라들이 일본을 막아 줄지 모른다고 기대**한 거야. 예전에 일본이 청나라 땅을 차지하려고 했을 때 러시아와 독일, 프랑스가 막았던 것처럼 말이야.

네덜란드 헤이그에 도착한 특사는 모두 세 명이었어. 을사늑약을 앞장서 반대한 신하 **이상설**과 대한 제국 최초의 검사였던 **이준**, 외교관 아버지 덕분에 여러 나라 말을 할 줄 알았던 **이위종**이 그들이었지. 이들은 몇 달이나 걸려 헤이그에 도착했지만 **만국 평화 회의에는 들어가 보지도 못했어.** 일본이 방해했기 때문이야. 회의를 이끈 러시아도 일본에 대한 제국을 넘기기로 한 터라 도움이 안 되었지. 미국, 프랑스, 영국, 독일 대표단도 만나 주지 않았어.

다른 나라들도 일본이랑 다를 게 없잖아?

당연하지, 그 나라들도 식민지를 차지하고 있었으니까.

헤이그 특사들만 불쌍하게 되었네.

백성들이 나라 지키기에 나섰어

그래도 특사들은 포기하지 않았어. 외국어를 잘하는 이위종이 기자 회견을 열어 일본의 죄상을 알렸지. 기자들은 큰 관심을 보였고 헤이그의 신문에도 크게

어림도 없지. ㅋㅋㅋ!

너나 어림없다!

실렸지만, 상황은 달라지지 않았어. 오히려 일본은 헤이그에 특사 보낸 걸 문제 삼아 **고종을 황제 자리에서 끌어내렸어.** 황태자 순종이 뒤를 이었지만 허수아비나 다름없었어. 일본은 순종을 협박해서 **대한 제국의 군대마저 없애** 버렸단다. 그러자 많은 군인들이 의병이 되어 일본과 싸웠어. 다른 이들은 일본에 맞설 힘을 기르기 위해 학교를 세웠어. 일본에 진 나랏빚을 갚기 위해 돈을 모은 사람들도 있었어. 수많은 사람들이 여러 가지 방법으로 나라 지키기에 나선 거야.

돌아오지 못한 헤이그 특사

헤이그에서 최선을 다해 대한 제국의 사정을 알리던 특사들은 조국으로 돌아오지 못했어. 회의 결과에 분통을 터뜨리던 이준은 헤이그에서 갑자기 세상을 뜨고 말았어. 이 소식이 국내로 전해지면서 일본에 반대하는 운동이 더 크게 일어났지. 특사들의 대표였던 이상설은 미국과 중국, 러시아를 오가면서 독립운동을 계속했어. 아버지가 있는 러시아로 돌아간 이위종도 독립운동에 앞장섰지. 헤이그 특사들은 비록 임무에 성공하지 못했지만 나라를 위해 큰 발자취를 남긴 거야.

빵! 이토 히로부미를 쏜 의병 장군 안중근

고종이 황제에서 물러나고 2년 뒤, 여기는 러시아가 차지하고 있던 중국 땅 하얼빈 역이야. 멋진 기차가 멈춰 선 정거장에 러시아와 일본 국기를 든 사람들이 가득하군. 그 앞에는 화려한 군복을 갖춰 입은 군인들이 자리를 잡았어. 누군가를 환영하기 위해 나온 것 같아.

잠시 후, 기차에서 사람들이 내렸어. 아, 고종을 위협해서 **을사늑약을 맺었던 이토 히로부미**가 보여. 이토는 러시아와 협상을 벌이기 위해 이곳에 온 거야. 문 앞에서 기다리던 러시아 사람들과 인사를 나눈 이토는 군인들 앞으로 다가갔어. 러시아 군인들의 경례를 받고 발걸음을 옮기는 순간, 누군가 성큼성큼 걸어 나와 이토를 향해 총을 겨누었어.

이토가 배를 잡고 쓰러지자 군인들이 달려와서 총을 쏜 사람을 잡았어. 그는 손을 번쩍 들면서 "대한 독립 만세!"를 외쳤어. 이 사람의 이름은 안중근. **대한 제국 의병장으로 활약하다 침략에 앞장선 이토 히로부미를 처단**한 거야.

슬프다! 대한 제국 최후의 날

이토 히로부미는 죽었지만 대한 제국을 차지하려는 일본의 계획은 착착 진행되었어. 아니, 이토가 죽자 더 서둘러서 대한 제국을 삼키려고 했어. 시간이 지날수록 일본을 반대하는 운동이 더욱 거세지고 있었으니까.

이토가 죽고 몇 달 뒤, 일본의 육군 대장 데라우치 마사타케가 새 통감이 되었어. 데라우치는 대한 제국의 경찰을 없애 버리고 **일본 헌병(군인 경찰)들을 전국에 거미줄처럼 깔아서** 한국인들을 감시하도록 했어. 조금만 이상한 움직임이 있어도 헌병들이 몰려들어 때리고 감옥에 가둬 버리니 사람들은 꼼짝할 수 없었지.

　이런 분위기를 만든 데라우치는 대한 제국을 일본에 **합친다는 조약**을 맺을 걸 강요했어. 마치 이토 히로부미가 을사늑약을 강요했듯이 말이야. 그때는 고종과 신하들의 반대가 만만치 않았지만 이번엔 그조차도 없었어. 을사늑약을 찬성했던 이완용이 미리 빼돌린 황제의 도장을 찍어 버렸거든. 한참이

지나도록 이런 사실은 알려지지 않았어. 데라우치가 보도할 만한 신문들을 미리 없애 버렸기 때문이야. **1910년 8월 29일, 대한 제국은 결국 일본의 식민지가** 되고 말았단다.

일본 강점기? 일제 강점기!

일본이 우리나라를 강제로 빼앗은 시기를 일제 강점기라고 불러. 근데 왜 일본 강점기가 아니라 일제 강점기일까? 여기서 일제는 일본 제국주의의 준말이야. 제국주의란 남의 나라를 침략하고 식민지로 삼는 걸 말해. 이렇게 제국주의를 따르던 일본을 일본 제국주의, 줄여서 일제라고 부르는 거야.

 을사늑약을 맺고 헤이그 특사를 보낸 곳
중명전

여기는 덕수궁 뒤에 있는 **중명전**이야. 고종이 지은 또 다른 서양식 건물이지. 붉은 벽돌로 지은 것이 석조전과는 사뭇 다른 느낌이지? 원래는 **대한 제국 황실 도서관**으로 지었는데, 덕수궁에 큰불이 나서 다른 건물들이 타 버리자 고종이 이곳에 머물며 나랏일을 보았어.

"그런데 왜 중명전은 덕수궁 담장 바깥에 있어요?"

오, 좋은 질문. 지난번에 일제 강점기 동안 덕수궁의 크기가 줄고 건물도 대부분 헐렸다고 했던 말 기억나? 그러니까 덕수궁이 경운궁으로 불리던 시절에는 중명전도 궁궐 안에 있었어. 일제 강점기에 궁궐 밖 건물이 되면서 원래 모습을 잃은 거지. 지금은 다시 옛 모습에 가깝게 복원되어 역사 전시관으로 쓰이고 있어.

저 사람이 이토 히로부미야!

나라를 팔아먹은 이완용도 있어.

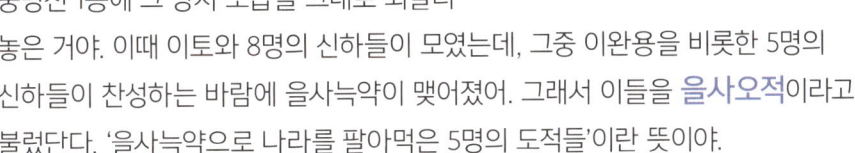

이건 **을사늑약을 맺는 모습**이야. 이토 히로부미가 신하들을 협박해서 을사늑약을 맺은 곳이 바로 중명전이었거든. 그래서 중명전 1층에 그 당시 모습을 그대로 되살려 놓은 거야. 이때 이토와 8명의 신하들이 모였는데, 그중 이완용을 비롯한 5명의 신하들이 찬성하는 바람에 을사늑약이 맺어졌어. 그래서 이들을 **을사오적**이라고 불렀단다. '을사늑약으로 나라를 팔아먹은 5명의 도적들'이란 뜻이야.

"바로 맞은편 방에는 헤이그 특사들의 사진이 있어요."
"을사늑약의 부당함을 알리는 고종의 편지도 있고요."

고종이 헤이그 특사를 보낸 곳도 바로 중명전이었어. 고종의 특사 파견은 비밀리에 이루어졌지. 고종의 모든 행동을 철저히 감시하고 있던 일본이 알면 당장 막았을 테니까. 그래서 특사들은 저마다 따로 출발해 러시아에서 합류했단다. 을사늑약이 맺어진 곳도, 그걸 뒤집으려고 특사를 파견한 곳도 모두 중명전이라니, 이곳은 진짜 역사의 현장이로구나.

헤이그 특사. 왼쪽부터 이준, 이상설, 이위종

고종 친서

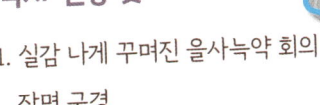

역사 인증 숏

1. 실감 나게 꾸며진 을사늑약 회의 장면 구경
2. 헤이그 특사의 활약을 담은 영상 보기
3. 중명전의 옛날 사진과 지금 모습 비교하기

3. 일본에 빼앗긴 나라 되찾기

일제 강점기

우리나라를 차지한 일본은
땅과 쌀을 빼앗고 사람들을 괴롭혔어.
일본은 총칼로 위협했지만,
우리는 줄기차게 **독립운동**을 벌였단다.
일제에 맞서 치열하게 싸웠던
그 시간 속으로 가 보자.

1. 조선 땅도 조선 쌀도 일본 거야

잘 봐! 일본과 강제로 합쳐진 뒤, 대한 제국은 다시 조선으로 불렸어. 태조 이성계가 세운 독립 국가 조선이 아니라 일본의 식민지 조선이 된 거야.

식민지 조선은 일본에서 보낸 총독이 다스렸어. 초대 총독 자리는 마지막 통감인 데라우치가 그대로 이어받았지. 총독부의 중요한 자리도 일본인들이 차지했고 말이야.

데라우치는 전부터 거미줄처럼 깔아 놓은 일본 군인인 헌병을 이용해서 **조선 사람들을 꼼짝 못 하게 만들었어.** 이렇게 경찰

역할을 한 헌병을 **헌병 경찰**이라고 불러. 총칼을 찬 헌병 경찰은 조선인들이 독립에 대한 생각을 일절 하지 못하도록 행동을 하나하나 감시했단다.

조선 놈들은 맞아도 싸다! 조선 태형령

헌병 경찰은 가벼운 범죄를 저지른 조선 사람을 재판 없이 때릴 수 있었어. 이걸 태형이라고 불렀는데, 일본인에게는 태형이 금지되었지. 가벼운 범죄라는 기준도 헌병 경찰 마음대로였어. 덜 익은 감을 팔거나 집 앞 청소를 안 하거나 심지어 윗옷을 벗고 일해도 매를 맞았어. 헌병 경찰은 이런 사람을 나무 몽둥이로 최대 100대까지 때렸어. 수많은 조선인들이 태형을 받고 불구가 되거나 죽기까지 했단다.

주인 없는 땅은 몽땅 일본 땅

일제 강점기가 시작되고 얼마 뒤, 조선 총독부에서 전국 곳곳에 벽보를 붙였어. **토지 조사 사업**을 시작하니 모든 사람은 잘 따라야 한다는 내용이었지. 벽보 앞에 선 사람들이 수군거렸어.

"토지 조사 사업이 뭐여?"

"전국의 땅을 꼼꼼히 조사해서 누구 땅인지 주인을 가린다는구먼."

"누구 땅이라니? 내 농사짓는 땅 가지고 뭐 하려고?"

"그러게! 일본 놈들이 **무슨 꿍꿍이**가 있는 게 아닐까?"

토지 조사 사업이 진행되는 동안 총독부는 점점 더 많은 땅을 갖게 되었어. 예전 대한 제국 관청에 딸린 땅들이 총독부 땅이 되어 버렸거든. 이 땅은 원래 세금만 내면 농민들이 대를 이어 가며 경작할 수 있어서 **농민들 것이나 마찬가지였는데**, 이제는 총독부 한마디면 쫓겨나게 된 거야.

또한 땅 주인으로 인정받기 위해서는 본인이 직접 총독부에 신고해야 했는데, **신고하지 않은 땅**은 총독부가 몽땅 차지해 버렸어. 마을이나 집안에서 공동으로 소유한 땅 같은 경우에는 신고하지 않는 경우가 많았지.

총독부는 이렇게 갖게 된 땅을 **동양척식주식회사**에 넘겼어. 이건 일본이 식민지를 잘 다스리기 위해 만든 회사야. 동양척식주식회사는 다시 이 땅을 일본인들에게 싸게 팔거나 빌려주었지. 이렇게 되자 일본인 땅 부자들이 늘어나고 농사지을 땅을 빌리는 소작료는 더 비싸졌단다.

조선 쌀을 싼값으로 몽땅 가져가네

토지 조사 사업이 끝나고 몇 해 뒤, 여기는 전라북도 군산항이야. 저기 항구에 산처럼 쌓인 쌀이 보이지? 이건 모두 인근의 드넓은 호남평야에서 생산된 쌀이야. 일꾼들이 쉴 새 없이 쌀가마니를 배로 옮기고 있네. 그중 한 일꾼이 동료에게 물었어.

"근데 이 많은 쌀을 어디로 실어 가는 거요?"

"이 친구 깜깜이로군. 모두 일본으로 팔려 가는 거요."

"예? 우린 먹을 쌀도 없는데 팔려 가다니요?"

일본으로 빠져나가는 쌀은 점점 더 늘어났어. 일본에 공장이 계속 생겨나면서 쌀 생산이 줄어들었거든. 총독부는 산미 증식 계획을 세워서 조선에서 더 많은 쌀을 생산하게 하여 일본으로 실어 갔어.

그래서 조선인 지주(땅 주인)들은 돈을 벌었어. 하지만, 땅을 빌려 농사짓는 소작인들은 쌀 대신에 싼 잡곡을 먹어야 했지. 그마저 제대로 못 먹어서 해가 갈수록 농민들의 키가 줄어들 정도였어. 도시에 사는 사람들도 사정은 비슷했어. 똑같은 일을 해도 일본인보다 월급이 훨씬 적었으니까. 일자리가 없어서 막일을 하거나 구걸을 하는 사람도 많았단다.

만주로, 연해주로 가서 독립운동할래

아무리 열심히 일해도 점점 더 살기 힘들어지자 고향을 떠나는 사람들이 늘어났어. 그중에는 아예 국경을 넘어 중국 만주나 러시아 연해주로 가는 사람도 많았지. 이곳에는 예전부터 우리나라 사람들이 많이 건너가 자리를 잡고 있었거든. 독립운동을 하려는 사람들도 일제의 감시를 피해 만주나 연해주로 갔어. 서울에서 제일가는 부잣집이자 대대로 높은 벼슬을 지낸 이회영 집안의 여섯 형제도 그랬어.

어느 날 넷째 아들 이회영이 형제들을 모아 놓고 말했지.

"형님들, 아우님들, 이렇게 일본의 노예로 살 수는 없습니다. 우리 모두 만주로 가서 독립운동을 합시다."

"회영이 말이 옳다. 이 땅에선 일본 놈들 감시 탓에 독립운동이 힘들어."

"맞아요, 형님. 나라가 없는데 재산이 무슨 소용이에요?"

뜻을 모은 **이회영과 형제들은 집과 땅을 모두 팔았어**. 요즘으로 치면 수백억 원에 이르는 재산이었대. 전 재산을 처분한 돈을 가지고 집안 식구들 모두 만주로 향했지. 이들은 만주에 독립운동 기지를 세우고 **독립운동가들을 길러 냈어**.

이렇게 만주와 상하이, 연해주 등에 모인 사람들은 나라를 되찾기 위한 독립운동을 벌여 나갔단다.

잠깐, 역사 돋보기!

독립운동의 씨를 말려라! 총독 암살 조작 사건

1911년 가을, 조선 총독부는 신민회라는 비밀 단체가 데라우치 총독을 암살하려 했다고 발표했어. 그러면서 신민회 회원을 수백 명이나 잡아들였지. 하지만 마지막에 유죄 판결을 받은 건 단 6명에 불과했어. 이건 총독부가 고문으로 조작한 사건이었거든. 사실 신민회는 우리 민족의 실력을 키우자는 독립운동 단체였어. 이들이 총독을 죽이려 했다는 건 새빨간 거짓말이야. 독립운동의 씨를 말리기 위해 총독부가 꾸며 낸 거였지. 결국 이 사건으로 나라 안 독립운동 세력은 크게 줄어들고 말았어.

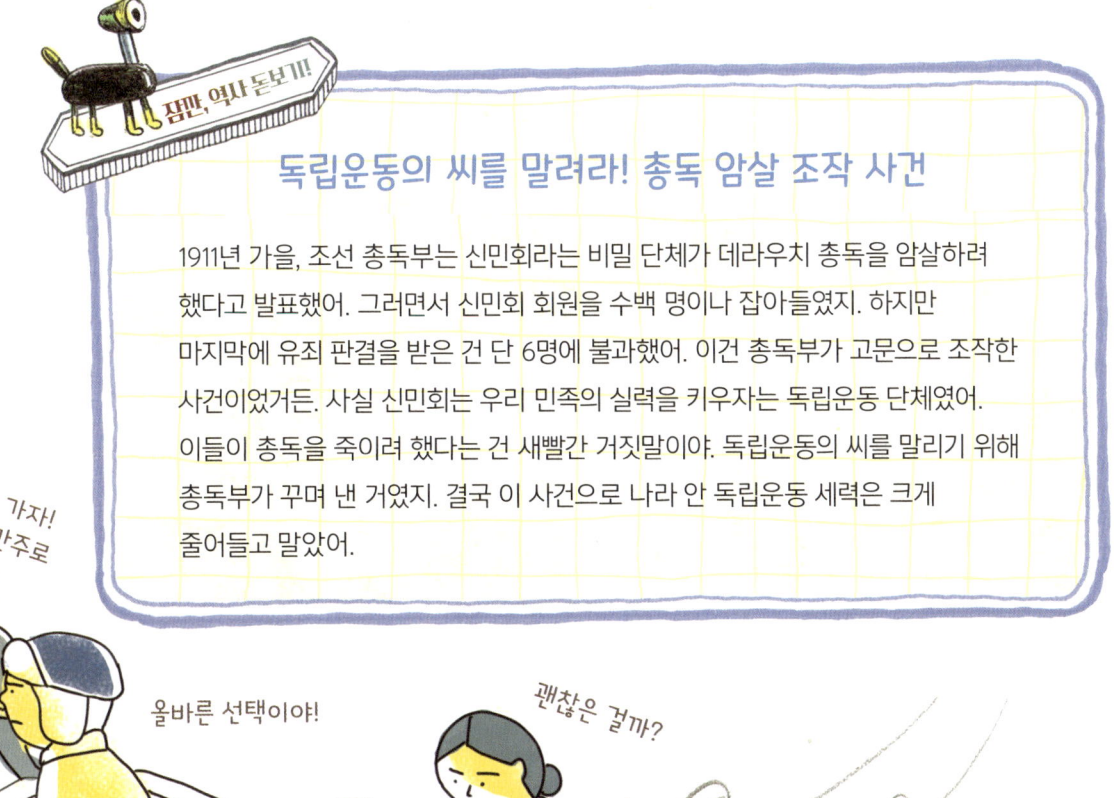

가자! 만주로

올바른 선택이야!

괜찮은 걸까?

2. 대한 독립 만세! 만세! 만세!

여기는 서울 종로의 탑골공원. 수많은 사람이 모여들었어. 잔뜩 긴장한 모습이 예전 말목장터에 모였던 동학 농민군들의 모습과 닮았군. 그때 전봉준이 그랬던 것처럼 누군가의 우렁찬 목소리가 들려와.

지금은 1919년 3월 1일이야.

"우리는 오늘
조선이 독립된 나라이며
조선인이 이 나라의 주인임을
선언하노라!"

3·1 운동이 시작되었어

민족 대표들이 이날을 위해 준비한 「독립 선언서」를 학생이 읽고 있어. 우리의 독립 의지를 전 세계에 알리는 글이지. 읽기를 마치자 양손을 번쩍 들면서 외쳤어.

대한 독립 만세!

탑골공원을 가득 메우고 숨죽여 「독립 선언서」를 듣던 사람들도 일제히 따라 외치기 시작했어. 품속에 숨겨 두었던 태극기를 꺼내 흔들면서 말이야. 독립 만세의 함성은 끝도 없이 이어졌어. 3·1 운동이 시작된 거야.

어떻게 3·1 운동이 일어났을까

이쯤에서 궁금증 하나. 일제가 헌병 경찰을 동원하고, 데라우치 총독 암살 사건까지 조작하면서 독립운동의 씨를 말렸는데 어떻게 3·1 운동이 일어날 수 있었을까?

먼저 운동의 불씨를 지핀 건 나라 밖 독립운동 세력이었어. 이 무렵 미국의 윌슨 대통령이 전 세계를 향해 **민족 자결주의**를 주장했거든.

이 말을 들은 나라 밖 독립운동가들은 우리 민족의 독립 의지를 전 세계에 알려 주기로 했어.

먼저 만주의 독립운동가들이 다른 나라에 보낼 「독립 선언서」를 만들었어. 도쿄에서 공부하던 조선 유학생들도 또 다른 「독립 선언서」를 2월 8일에 발표했지. 미국과 상하이의 독립운동가들은 이 무렵 열리는 큰 국제회의에 대표단을 보내 조선의 독립을 주장하기로 했어.

이런 나라 밖 움직임이 전해지자 나라 안에서도 독립운동의 기운이 되살아났어. 동학이 이름을 바꾼 천도교가 앞장을 섰지. 여기에 기독교와 불교까지 모여서 **민족 대표 33명**을 정하고 **3월 1일에 만세 시위를 벌이기로 했어.** 마침 얼마 전 세상을 떠난 고종의 장례식이 3월 3일이라 서울에 사람들이 구름처럼 모였거든. 장례가 끝나면 사람들이 흩어질 테니, 그 전에 시위를 벌이기로 한 거야.

마침내 3월 1일이 되자 서울뿐 아니라 평양과 의주, 원산 같은 도시에서도 만세 운동이 일어났어. 깜짝 놀란 일제가 총칼을

앞세워 사람들을 잡아들였지만, 더 많은 사람이 만세 운동에 참여했지. 그동안 억눌렸던 우리 민족의 독립 의지가 한꺼번에 폭발한 거야.

윌슨이 민족 자결주의를 주장한 까닭은?

강대국들이 더 많은 식민지를 차지하기 위해 두 편으로 나뉘어 싸운 제1차 세계 대전이 끝났어(1918년). 미국, 영국, 프랑스 등이 모인 연합국이 독일, 터키, 오스트리아가 힘을 합한 동맹국에 승리를 거뒀지. 이해에 미국의 윌슨 대통령은 전쟁에 패한 나라들이 차지했던 식민지를 독립시키자는 민족 자결주의를 발표했어. 패전국이 다시는 전쟁을 일으키지 못하게 하려는 뜻도 담겨 있지. 아쉽게도 이때 일본은 승리한 연합국에 참여한 나라였기 때문에 연합국은 조선의 독립을 받아들이지 않았단다.

전국으로 퍼져 나간 만세의 물결

날이 갈수록 더욱 거세지던 만세 운동의 물결은 전국으로 퍼져 나갔어. 고종의 장례를 보러 서울에 왔다가 3·1 운동에 참여했던 사람들이 고향에서도 만세 운동을 이어 간 거야. 일제가 학생들의 참여를 막기 위해 학교 문을 닫자 고향으로 돌아간 학생들도 만세 운동을 벌였지. 그중에는 우리나라 최초의 여학교인 이화학당을 다니던 유관순도 있었어. 3·1 운동에 참여했던 유관순은 고향인 충청남도 천안으로 내려가 부모님과 마을 사람들을 모아 놓고 말했어.

"지금 서울에선 만세 운동이 불처럼 일어났어요. 모두가 태극기를 흔들며 독립 만세를 외치니 일본 놈들도 꼼짝 못 합니다."
사람들이 깜짝 놀라는 가운데 유관순이 말을 이었어.
"천안에서도 만세 운동을 벌여야 해요. 조선 사람 모두가 만세 운동을 벌이면 일본도 물러갈 수밖에 없을 거예요."

드디어 4월 1일. 천안 아우내 장터에 오일장이 서는 날, 유관순과 마을 사람들은 만세 운동을 벌였어. 독립선언서를 준비하고 미리 태극기를 만드는 등 준비도 철저히 했지. 그리고 장날에 모여든 사람들 모두 **태극기를 흔들며** 목이 터져라 만세를 불렀어. 하지만 이런 평화적인 시위를 일제는 **총칼**로 진압했어. 유관순의 부모를 비롯한 19명이 현장에서 목숨을 잃었고 수십 명이 다쳤어. 유관순은 잡혀서 감옥에 갇혔는데 **고문**을 받고 제대로 먹지 못해 결국 감옥에서 세상을 뜨고 말았단다.

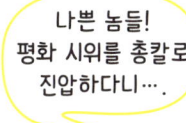

나쁜 놈들! 평화 시위를 총칼로 진압하다니….

그래도 속으로는 깜짝 놀라지 않았을까?

함경도에서 제주도까지 전국을 휩쓴 3·1 운동에는 백만 명이 넘는 사람들이 참가했어. 당시 인구가 2천만이 안 되었으니 어마어마한 숫자였지. 일제의 총칼에 수천 명이 죽고 수만 명이 다쳤어. 만세 운동은 3개월간이나 계속되었단다.

축 탄생! 대한민국 임시 정부

1919년 9월에 탄생했어!

3·1 운동은 우리나라 독립운동을 완전히 바꾸어 놓았어. 우선 나라 밖에서 힘들게 활동하던 독립운동가들에게 큰 힘을 주었지. 나라 안에서 일제의 헌병 경찰에 억눌려 살던 사람들도 독립운동에 나서게 되었고. 독립운동을 위해 해외로 가는 사람들도 늘어났어. 이미 많은 독립운동가가 활동하고 있던 상하이에도 더 많은 사람이 모여들었어. 이들은 독립운동을 한 걸음 더 발전시키기 위해 머리를 맞대었지.

"나라 안팎의 독립운동을 앞장서 이끌 조직이 필요해요."
"맞아요. 3·1 운동 때 그런 조직이 있었다면 좋았을 텐데."
"이제라도 늦지 않았어요. 임시 정부를 만듭시다!"
"임시 정부를요?"
"그래요. 나랏일을 하는 정부를 임시로 만들어 놓으면 독립 후 바로 나라를 세울 수도 있지 않겠소?"
"대한민국 임시 정부! 좋군요!"

그런데 상하이에서만 이런 생각을 한 것은 아니었어. 연해주와 서울에서도 임시 정부가 생겨났지. 이 세 임시 정부들이 상하이로 합쳐져 대한민국 임시 정부가 태어났어. 황제가 다스리는 대한 제국이 아니라 3·1 운동에 나섰던 **국민들이** 스스로 다스리는 대한민국이 된 거야.

지금도 들려오는 그날의 함성
서대문 형무소 역사관

담벼락이 무지 높아요.

감시탑도 보여!

들어가는 철문도 엄청 두껍네.

여기는 서울의 **서대문 형무소 역사관**이야. 일제가 만든 감옥이지. 유관순을 비롯한 수많은 독립운동가가 이곳에 갇혔고 죽기도 했어. 지금은 그 시절 모습을 볼 수 있는 역사관으로 운영되고 있어.

서대문 형무소는 1908년에 **경성감옥**이란 이름으로 지어졌어. 대한 제국을 식민지로 만들기 전에 지은 거지, 일제에 맞서는 사람들을 가두기 위해서! 이 무렵 감옥에 갇힌 사람 중에는 의병들이 많았어.

이후 서대문 감옥, 서대문 형무소 등으로 이름이 바뀌었지만, 일제 강점기 내내 조국의 독립을 위해 활동하던 많은 분들이 이곳에 갇혀 고문을 당하고, 때로는 숨을 거두기도 했어. 특히 3·1 운동 중에는 무려 3천여 명이나 들어와서 감옥이 비좁을 지경이었대.

형무소 내부

앗, 저기 유관순 언니 사진이 보여요.

가운데가 유관순

맞아. **유관순**이 이곳에 갇히면서 찍은 사진이야. 천안 아우내 장터에서 만세 운동을 이끌다 옥에 갇혔지만 유관순은 독립운동을 멈추지 않았어. 심지어 감옥 안에서도 만세 운동을 벌였다니까. 1920년 3월 1일, 유관순은 같이 감옥에 있던 독립운동가들과 함께 3·1 운동 1주년 기념식을 하고 옥중 만세 운동을 벌였어. 이때 서대문 형무소에 있던 수천 명이 같이 만세를 불렀고, 이 소리를 듣고 형무소 밖에도 사람들이 모여들어 교통이 막히고 경찰이 출동하기도 했단다. 하지만 이 사건 때문에 유관순은 심한 고문을 당했고, 결국 그해 9월에 19세의 나이로 감옥에서 세상을 뜨고 말았지.

역사관 지하에선 당시 독립운동가들을 고문하던 **고문실**과 고문 도구들을 볼 수 있어. 바깥으로 나가면 제일 뒤쪽에 예전 **사형장**도 있어. 여기서 수많은 독립운동가가 목숨을 잃었단다.
해마다 3월 1일에는 이곳에서 다양한 행사가 펼쳐지니 그때 오면 더 좋아.

발목에 채운 족쇄

사형장

역사 인증 숏

1. 건물 밖 대형 태극기 앞에서 '대한 독립 만세' 외치기
2. 지하 고문실 둘러보기
3. 이곳에 갇힌 사람들이 쓰던 물건 살펴보기

3. 3·1 운동 이후의 독립운동

여기는 남대문역(지금의 서울역)이야. 멋진 기차가 도착하네. 플랫폼에는 군인들이 줄지어 서 있는 것이 마치 이토 히로부미가 하얼빈역에 도착했을 때 같아.

또다시 기차역에서 펑!

기차에서 내린 사람의 이름은 사이토 마코토. 조선에 온 새로운 총독이야. 이전 총독은 3·1 운동이 일어난 책임을 지고 물러났거든. 군인들의 경례를 받은 사이토가 마차로 옮겨 탔어. 총독이 사는 집으로 출발하기 위해서야. 바로 그때 마차 뒤에서 폭탄이 터졌어.

불이 번쩍이고 땅이 흔들렸어. 뿌연 연기가 피어오르고 여기저기 사람들이 피를 흘리며 쓰러졌지. 폭탄을 던진 사람은 **강우규.** 만주에서 독립운동을 하다 **새로운 총독을 죽이기 위해** 서울로 왔어. 하지만 사이토는 무사했고, 서대문형무소에 갇힌 강우규는 이듬해 사형을 당하고 말았단다.

살살 달래면서 다스려 볼게

새로운 총독은 여러 가지 제도를 새롭게 바꾸었어. 이제는 더 이상 총칼로만 조선을 다스릴 수 없다는 걸 깨달았거든.

먼저 헌병 경찰을 보통 경찰로 바꾸었어. 조선 사람들만 맞던 태형도 없앴지. 제복을 입고 칼을 찼던 공무원과 교사들도 칼 없이 보통 옷을 입고 일했어. 그 전까지 금지했던 신문과 잡지도 만들 수 있게 허락했고, 조선인에겐 어려웠던 회사 만드는 일도 쉽게 고쳤어. 그리고 몇 년 뒤에는 처음으로 대학을 세우고 조선인들도 다닐 수 있도록 했지. 이렇게 여러 가지가 바뀌자 나라 안 독립운동가들의 분위기도 바뀌었어.

"이럴 때 우리 민족의 실력을 키우는 실력 양성 운동을 하자!"

"맞아. 폭탄을 던지는 대신 신문과 잡지를 만들어서 여러 사람을 깨우치고, 경제도 발전시켜 나가자!"

이러면서 『동아일보』, 『조선일보』 같은 신문들이 생겨나고 여러 잡지가 만들어졌어.

또 공장을 세우고 회사를 만들었으며, 아직은 부족한 우리 기업을 키우기 위해 일본 물건 대신 국산품을 쓰자는 운동도 벌어졌어.

하지만 실력 양성 운동은 **곧 벽에 부딪쳤어**. 일제가 가만 놔두지 않았거든. 신문이나 잡지에 일제를 비판하는 기사가 실리면 신문을 빼앗고 기자를 감옥에 가뒀어. 조선인이 세운 회사는 일제에 협력하도록 강요했지. 헌병 경찰은 없어졌지만 경찰 수를 더 많이 늘려서 훨씬 더 꼼꼼히 독립운동을 **감시**했단다.

방정환이 어린이날을 만든 까닭은?

1922년 5월 1일. 우리나라에서 처음으로 어린이날이 생겼어. 이날을 만든 방정환은 이듬해 『어린이』라는 잡지도 만들었지. 어린이라는 말을 처음 만든 것도 방정환이었어. 젊은이, 늙은이처럼 어린이도 온전한 사람대접을 받게 한 거야.
3·1 운동에 적극 참여했던 방정환은 우리가 독립하기 위해서는 어린이를 잘 키워야 한다고 생각했어. 어린이를 존중해야 어린이가 잘 자라고, 어린이가 잘 자라야 훌륭한 어른이 되어서 우리나라의 독립을 이룰 수 있다고 생각한 거야.

『어린이』 제4권 11호

이겼다! 봉오동 전투, 청산리 대첩

나라 안 독립운동가들이 민족의 실력을 키우는 동안 나라 밖에서는 **무기를 들고** 싸우는 독립운동가들이 많아졌어.

3·1 운동같이 평화로운 방법으로는 도저히 독립을 이룰 수 없다고 생각한 거야. 특히 만주에는 독립군 부대들이 많이 생겨났지.

1920년 6월, 일제는 독립군을 공격하기 위해 국경을 넘어 만주의 봉오동으로 쳐들어왔어. 의병장이었던 **홍범도 장군**은 자신의 독립군 부대를 봉오동 골짜기에 숨겼어. 그리고 일본군을 이곳으로 유인했지. 멋모르고 쫓아 들어온 일본군은 독립군의 총알이 비 오듯 쏟아지자 수많은 희생자를 남긴 채 도망치고 말았단다.

봉오동에서 패배한 일제는 더 많은 군대를 만주로 보냈어. 그러자 이번엔 **김좌진 장군**이 나섰어. 그는 일본군을 숲이 우거지고 계곡이 깊은 청산리로 유인해서 크게 무찔렀어. 여기에는 홍범도 장군도 힘을 보탰지. 1920년 10월, 6일 동안 계속된 전투에서 수많은 일본군이 죽거나 다쳤지만, 그에 비해 독립군의 피해는 훨씬 적었어. 그야말로 **완벽한 승리!** 독립군이 일본과 치른 전투 중 가장 큰 승리가 바로 청산리 대첩이야.

노동자도 농민도 못 살겠다, 싸울래

1931년 5월 29일 새벽, 이곳은 평양의 을밀대야. 가만, 깎아지른 절벽 위에 세워진 을밀대 지붕에 누군가 올라갔어. 사람들이 깜짝 놀라 아래로 모여들자 지붕 위 사람이 벌떡 일어나 큰 목소리로 외치기 시작해.

"저는 평원 고무 공장에서 일하는 노동자 강주룡입니다. 우리 조선인들은 똑같은 일을 해도 월급을 일본인의 절반밖에 못 받습니다. 같은 조선인이라도 우리 여성들은 남성보다 훨씬 더 적게 받습니다. 그런데 사장이 그 적은 월급을 제 마음대로 깎겠다고 합니다."

을밀대 아래 사람들은 손에 땀을 쥐며 **강주룡**의 연설을 들었어.

"나는 우리 2,300여 동료들의 월급이 깎이는 걸 목숨을 걸고 반대합니다. 사장이 우리 요구를 들어줄 때까지 여기서 내려가지 않을 것입니다. 누군가 끌어내리려 한다면 나는 떨어져 죽을 겁니다!"

3·1 운동이 일어나고 공장과 회사들이 늘어났지만, 노동자들의 생활은 어렵기만 했어. 평원 고무 공장에 다니던 강주룡은 **마지막 수단**으로 을밀대에 오른 거야. 다행히 회사는 월급 깎는 걸 취소했지만 강주룡은 경찰에 체포되어 벌을 받아야 했어.

독립운동가 같아.

용기 있네!

짝! 짝!

이 무렵엔 강주룡 말고도 많은 노동자들이 시위를 벌였어. 노동자뿐 아니라 농민들도 마찬가지였지. 해가 갈수록 소작료가 점점 오르기만 했거든. 굶어 죽을 지경이 된 농민들은 지주들을 상대로 시위를 벌였어. 하지만 일제는 오히려 노동자와 농민들을 탄압했어. 사장과 지주들은 **일본인이나 친일파**가 많았으니까. 그래서 노동자와 농민들의 싸움은 자연스럽게 독립운동으로 이어졌단다.

4. 말도 글도 숟가락도 빼앗기고

이런! 강주룡이 을밀대에 오른 지 몇 달 뒤, 만주에서는 큰일이 벌어졌어. **일본군이 만주를 침략한 거야.** 일본이 독립군을 잡기 위해 만주로 들어온 적은 있었지만, 만주의 중국군과 큰 전쟁을 벌인 것은 이번이 처음이었어.

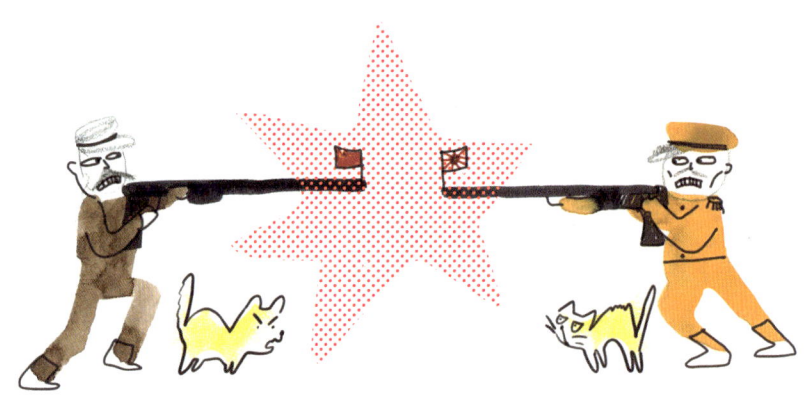

중국과 손잡아야겠어

이 소식을 듣자 김구를 비롯한 여러 사람들이 상하이 임시 정부에서 중요한 회의를 열었어.

"일본이 만주를 침략했답니다. 만주의 우리 독립군들이 위험하게 되었어요."

"이번 기회에 중국과 손을 잡고 일본과 맞선다면 오히려 기회가 될 수도 있습니다."

"하지만 중국 사람들은 우리가 일본의 앞잡이가 아닐까 의심하고 있다고 합니다."

"뭐라고요? 그렇다면 우리가 일본의 중요 인물들을 처단하면 어떨까요? 그럼 중국인들도 우리를 믿을 겁니다."

회의가 끝난 뒤 김구는 **한인 애국단**이라는 비밀 조직을 만들었어. 일본의 중요 인물을 처단하기 위해서는 비밀리에 활동해야 했거든.

청나라에서 중화민국으로

일본이 만주를 침략한 1931년에 중국은 '중화민국'이었어. 대한 제국이 망하고 1년 뒤인 1911년에 쑨원을 비롯한 중국인들은 청나라를 멸망시키고 황제가 아니라 국민들이 주인 되는 중화민국을 세웠지. 하지만 아직은 튼튼하게 자리 잡지 못한 데다가 자기들끼리 편을 나눠 싸우느라 만주로 침략해 온 일본군을 제대로 막아 내지 못했단다.

이봉창과 윤봉길, 독립운동을 되살려라

1932년에 윤봉길이 의거…

한인 애국단이 만들어진 다음 해 4월 29일, 여기는 중국 상하이의 훙커우 공원이야. 일본군 승리 기념 행사를 벌이고 있어. 만주를 침략한 일제는 상하이도 공격했거든. 이 승리를 축하하려고 일본군 사령관 등 일본인들이 잔뜩 모였지. 임시 무대에서 한창 행사가 진행되는데, 갑자기 구경꾼 하나가 물통을 꺼내더니 무대 위로 던졌어.

쾅! 하늘이 무너지고 땅이 꺼지는 소리가 들리면서 무대는 순식간에 아수라장이 되었어. **물통 폭탄을 던진** 사람은 한인 애국단 단원인 **윤봉길 의사**야. 이 폭탄 한 방으로 일본군 사령관과 중요 인물들이 죽거나 크게 다쳤지.

이 소식을 들은 중화민국 총통(대통령) 장제스는 중국의 백만 대군도 못 한 일을 조선의 한 청년이 해냈다며 고마워했어. 이때부터 중화민국은 대한민국의 독립운동을 적극적으로 돕기 시작했단다. 그 덕분에 일제의 만주 침략으로 더욱 어려워졌던 **독립운동은 새 힘**을 얻게 되었어.

한인 애국단의 활동은 이전에도 있었어. 몇 달 전에는 한인 애국단의 첫 단원인 **이봉창 의사**가 일본 왕의 마차에 폭탄을 던졌지. 아쉽게도 폭탄이 너무 약해서 일본 왕은 무사했지만, 이 사건에 중국 사람들도 큰 관심을 가졌어. 그러다 윤봉길 의사의 행동까지 더해지자 중화민국과 대한민국이 손을 잡게 된 거야.

조선 민족을 없애라

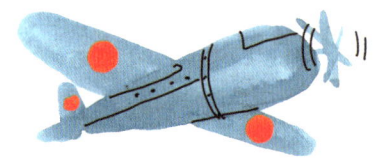

윤봉길 의사 사건 이후에도 일본은 중국의 다른 지역들까지 침략했지. 몇 년 뒤에는 하와이를 공격하면서 미국과도 전쟁을 시작했어. 이 무렵 유럽에서 벌어진 **제2차 세계 대전에 일본도 끼어든 거야.** 이번에는 일본과 독일, 이탈리아가 손을 잡고, 영국, 프랑스, 미국 등이 한편을 이루었어.

전쟁이 이어지면서 조선 사람들의 생활은 더욱 어려워졌어. 일제가 전쟁을 치르는 데 필요한 물자를 **샅샅이 긁어** 갔거든. 먹을 쌀은 물론이고 놋으로 만든 그릇과 숟가락, 심지어 요강까지 가져갔다니까. 물건뿐 아니라 사람들도 잡아다가 일본이나 전쟁터로 데려가서 부려 먹었어. 나중에는 자신들의 침략 전쟁에 군인으로 끌고 가서 죽게 했지.

이제 조선은 없어. 일본인으로 살아!

광산에서 채굴해!

전쟁에 나가!

우리를 전쟁에 끌어들이면서 일본은 우리 민족을 완전히 없애고 **조선인을 일본인으로** 만들려고 했어. 전쟁에 끌고 간 조선인이 반란이라도 일으키면 큰일이니까.

이걸 위해서 우리말 대신 일본 말을 쓰게 했고, 이름도 일본식으로 바꾸도록 했어.『동아일보』와『조선일보』같은 우리말 신문도 없애 버리고 매일 아침 전 국민이 일본 왕에게 충성을 다짐하도록 만들었단다.

중일 전쟁에서 제2차 세계 대전으로

일본이 중국과 전쟁을 벌이는 동안 독일의 히틀러가 이웃 나라 폴란드를 침략하면서 제2차 세계 대전이 시작되었어. 이것도 제1차 세계 대전과 마찬가지로 힘 있는 나라들끼리 더 많은 식민지를 차지하기 위한 전쟁이었어. 이 무렵 세계 경제가 많이 어려워진 것도 원인이 되었지. 이전 전쟁에 져서 가뜩이나 어려웠던 독일이 세계를 상대로 또다시 전쟁을 일으킨 거야. 여기에 이탈리아와 일본이 뛰어들면서 전쟁은 유럽을 넘어 전 세계에서 벌어지게 되었단다.

가자! 침략하러!

우리 민족을 지켜라

일제가 우리 말과 글을 없애려고 하자 이걸 지키려는 운동이 일어났어. 한글을 연구하는 학자들이 만든 **조선어 학회**에서는 **우리말 사전**을 펴내려고 했지. 우리 말과 글을 지키는 데 사전이 꼭 필요했으니까. 하지만 일제는 조선어 학회가 독립운동을 했다는 죄목으로 회원 수십 명을 잡아들였어. 그러면서 우리말 사전을 만들 원고마저 **압수**해 버렸지. 그래도 우리 말과 글을 지키려는 사람들의 노력은 멈추지 않았어.

두고 봐.
우리말 사전은
꼭 만들고 말 테야!

일제가 거짓으로 꾸민 우리 역사를 바로 세우려는 사람들도 있었어. 일본의 역사학자들은 옛날부터 조선은 발전이 없었기 때문에 일본의 지배를 받는 것이 당연하다고 주장했거든.

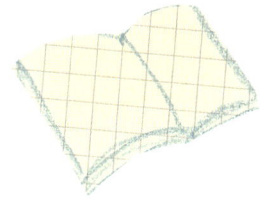

나중에는 원래 일본과 조선이 하나의 민족이라고 했지. 일제는 이런 주장이 담긴 역사 교과서를 만들어 학생들을 가르쳤어. 이에 맞서 역사학자인 신채호는 **우리 역사를 제대로** 담은 『조선 상고사』라는 역사책을 펴냈어. 또 을지문덕이나 이순신 장군처럼 나라를 구한 역사 인물에 대한 책도 만들었고. 이런 책들 덕분에 사람들의 독립 의지가 더욱 높아졌단다.

우리 민족의 정신을 지키려는 노력뿐 아니라 무기를 들고 나라를 찾으려는 노력도 계속되었어. 만주의 독립군은 중국군과 힘을 합쳐 일본에 맞섰어. 대한민국 임시 정부가 만든 **한국광복군**은 미군과 함께 일본과 싸우기도 했지. 일제의 지배는 점점 더 악랄해졌지만, 그만큼 우리의 독립운동도 더욱 치열해진 거야.

한눈에 보는 독립운동의 모든 것
독립기념관

여기는 충청남도 천안에 있는 **독립기념관**이야. 우리가 일제에 맞서 독립을 이루기까지의 역사를 살펴볼 수 있는 곳이지. 어때? 거대한 기와 건물이 뭔가 엄숙한 분위기를 풍기지 않니? 마치 우리가 일제에 나라를 빼앗기고 다시 찾기까지 겪었던 험난한 세월처럼 말이야.

독립기념관의 입구를 지나면 7개의 전시관들이 이어져 있어. 우선 **나라 되찾기 전시관**부터 보자. 저기 총과 태극기를 들고 노래를 부르는 군인들의 모습이 보이니? 이들은 일제에 맞서 무기를 들고 싸웠던 독립군들이야. 일본에 나라를 빼앗기자 이회영을 비롯한 독립운동가들이 중국 간도와 러시아 연해주에 독립운동 기지를 세워서 바로 이런 독립군을 키워 낸 거야.

노래 부르는 독립군

노래하는 걸 보니 좋네.

이봉창 의사

"앗, 저기 이봉창 의사 사진이 보여요!"

맞아. 이건 **이봉창 의사**가 한인 애국단에 가입하고 찍은 사진이야. 선서문을 가슴에 단 채 폭탄을 들고 커다란 태극기 앞에 서 있어. 사진 옆에 있는 자그마한 방에는 **윤봉길 의사**가 상하이 훙커우 공원에서 물병 폭탄을 던지는 모형도 있어.
이분들이 목숨을 바친 덕분에 독립운동이 활력을 얻은 사실도 잊지 말아야 해.

저쪽에 검은색 교복을 입은 학생들이 몽둥이를 들고 싸우는 모습이 보이지? 광주에서 일어나 전국으로 번진 **학생 운동**을 보여 주는 전시물이야. 일제 강점기에는 이렇게 학생들도 일제와 맞서 싸웠단다. 그 옆에는 **조선어 학회** 사람들이 사전을 만들고 있는데 일본 경찰이 들이닥치는 장면도 보여. 이런 노력 모두가 합쳐져서 나라를 다시 찾을 수 있었던 거야.

조선어 학회 사건

광주 학생 항일 운동

3·1 운동에도 학생이 나섰는데….

용감하다!

역사 인증 숏

1. 이봉창, 윤봉길 의사 사진 옆에서 기념 촬영 하기
2. 대한민국 임시 정부 주요 인물들 모형에서 김구 찾기
3. 입체영상관에서 실감 나는 독립운동 동영상 보기

4. 8·15 광복과 6·25 전쟁

대한민국의 탄생

마침내 새로운 나라
대한민국이 탄생했단다.
사람들이 기뻐하고 있구나.
이젠 튼튼한 나라를 만들어야 해.
하지만 어찌 된 걸까?
분단의 아픔이라니!

1. 새 나라 만들기는 우리 손으로

이리 와! 여기는 조선 총독부야. 1945년 8월 15일 오전 8시쯤 정무총감 엔도가 독립운동가 **여운형**을 불렀어. 무슨 일일까?

드디어 일본이 항복!

여운형을 만난 엔도가 침통하게 말했어.

"일본은 전쟁에서 졌소. 오늘 낮에 항복을 발표할 것이오."

여운형은 이미 짐작했다는 듯이 고개를 끄덕이며 말했어.

"며칠 전 **일본에 원자 폭탄**이 떨어졌다는 소식을 듣고 이런 날이 올 줄 알았소. 그래, 나를 부른 까닭은 무엇이오?"

"조선에 있는 일본인들의 안전을 지켜 준다는 약속을 해 주시오. 그러면 조선 총독부의 권력을 넘기겠소.

"좋소. 대신 몇 가지 조건이 있소. 감옥에 있는 독립운동가들을 즉각 풀어 주시오. 그리고 전 국민이 3개월 동안 먹을 수 있는 식량을 주시오. 또한 이제부터는 우리가 정치를 하고 경찰 역할도 하겠소."

엔도와 여운형이 만난 그날 낮 12시에 일본 왕은 **무조건 항복한다**는 방송을 했지. 마침내 일제의 손아귀에서 나라를 되찾은 거야.

일본의 항복을 부른 원자 폭탄

일본은 함께 제2차 세계 대전을 일으켰던 독일과 이탈리아가 항복한 뒤에도 전쟁을 계속했어. 1945년 8월 6일과 9일, 미국이 히로시마와 나가사키에 연달아 원자 폭탄을 떨어뜨리고 나서야 무조건 항복을 했지. 원자 폭탄이 도시 전체를 잿더미로 만들고 수십만 명의 목숨을 앗아 갔거든. 일본에서 살던 우리나라 사람들도 몇만 명이나 죽고 다쳤어. 일본인 피해자들은 일본 정부의 보상을 받았는데, 우리나라 피해자들은 보상도 제대로 받지 못했어.

우리 손으로 새 나라를 만들래

그날 밤, 여운형은 독립운동가들과 함께 새 나라를 세우기 위한 단체를 만들었어. 이름은 **조선 건국 준비 위원회**. 어떻게 금방 새로운 단체까지 만들었냐고? 외국에서 독립운동가들이 일제와 싸우는 동안, 국내에서 활동하던 독립운동가들과 여운형은 비밀리에 광복을 준비하고 있었거든. 그것도 1년 전부터. 그 덕분에 일본이 항복한 날 바로 조선 건국 준비 위원회를 만들 수 있었던 거야.

다음 날, 여운형은 서울의 휘문중학교 운동장에서 연설했어. 구름처럼 많은 사람들이 몰려들어 여운형의 말에 귀를 기울였지. 서울뿐 아니라 **전국 곳곳의** 독립운동가들이 조선 건국 준비 위원회에 참가했어. 이들은 일본인 경찰 대신 마을을 지키면서 새로운 나라를 만들어 나갔단다.

남한은 미군, 북한은 소련군

너도나도 새 나라 만들기에 나설 무렵, 새로운 소식이 전해졌어. 우리나라에 미군과 소련군이 들어온다는 거야. 소식을 들은 사람들은 수군거렸어.

"들었어? 우리나라 남쪽에는 미군이, 북쪽에는 소련군이 들어온대."

"아니, 왜?"

"항복한 일본군의 무기를 빼앗으러 오는 거라더군."

"남쪽 북쪽에 따로따로? 이러다 나라가 둘로 나뉘는 거 아냐?"

"설마, 그럴 리야 있겠어?"

　소련군이 먼저 북한에 들어왔어. 소련은 러시아 사람들이 새로 만든 나라 이름이야. 능력 없는 황제를 몰아내고 모두가 평등한 세상을 꿈꾸는 사회주의 국가를 만들었지. 소련은 제2차 세계 대전에서 미국과 손을 잡고 일본에 맞섰어. 일본이 항복하자 미국과 소련은 일본의 식민지였던 조선을 **절반씩 맡기로** 한 거야.

　배를 타고 인천으로 들어온 미군은 일본 대신 남한 땅을 다스리기 시작했어. 우리나라 사람들이 정부를 세운 뒤에 돌아가기로 하고 말이야. 하지만 우리 정부를 세우는 일은 쉽지 않았어. 미국이 자기들 **입맛에 맞는 정부**를 세우려고 간섭했거든.

남북을 가른 38도선

미군과 소련군은 북위 38도선을 경계로 남과 북을 나누었어. 북위란 지구 북반구에 동서 방향으로 그은 선이야. 0도 선부터 90도 선까지 있는데, 38도선은 우리나라 중간을 지나. 그래서 이 38도선을 경계로 삼은 거야. 우리 뜻과는 상관없이 자기들 멋대로 선을 그었어.
처음에는 38도선을 통과해서 남북으로 오가는 게 어렵지 않았지만, 시간이 지날수록 38도선을 넘어가기가 힘들어졌단다.

새 나라의 어린이는 일찍 일어납니다

　오늘은 1945년 9월 24일, 광복 후 처음으로 초등학교가 개학하는 날이야. 일본어가 사라진 초등학교엔 **우리말이 우렁차게** 울려 퍼졌어. 아직 제대로 된 교과서도 없었지만, 선생님은 힘이 넘치고 아이들의 눈동자는 초롱초롱 빛나는 것 같아. 이번 시간은 음악 시간인가 봐. 칠판에 적은 가사를 보면서 노래를 배우고 있어.

가사를 들으니 무슨 노래인지 금방 알겠지? 맞아, **애국가.**
근데 요즘 부르는 애국가와는 음이 다르네. 이때까지 애국가는
외국 민요 가락에 가사만 바꿔서 불렀거든. 애국가가 지금의
곡조로 바뀌게 된 것은 두 달쯤 뒤의 일이야.

1945년 12월에 새로 나온 『어린이 신문』에는 「새 나라의
어린이」라는 노래가 실렸어.

"새 나라의 어린이는 일찍 일어납니다.
잠꾸러기 없는 나라 우리나라 좋은 나라…."

어린이도 새 나라 만들기에 앞장서야 한다는 뜻을 담은 노래야.

2. 남한 따로 북한 따로 정부의 탄생

시끄럽지! 1945년 12월 31일, 이 무렵 서울에서 가장 컸던 서울운동장에 사람들이 가득 모였어. 커다란 태극기를 앞세운 모습이 만세 운동이라도 벌이는 것 같아.

신탁 통치가 웬 말?

운동장 앞 무대에서 대한민국 임시 정부를 이끌던 김구가 목소리를 높였어.

"나는 신탁 통치를 단 하루도 받아들일 수 없습니다. 신탁 통치는 다시 한번 식민지가 되는 것이기 때문입니다!"

무대 아래 있던 사람들은 운동장이 떠나갈 듯 "옳소!" 하고 소리쳤어. **'신탁 통치 결사반대'**라고 쓴 기다란 천도 흔들었지. 결사반대란 죽어도 반대한다는 뜻이야.

신탁 통치가 뭐기에 이렇게 많은 사람이 반대하는 걸까?

신탁 통치는 우리나라를 다른 나라들이 대신 다스리는 거야. 얼핏 식민지와 비슷하지. 하지만 **기간을 정해 놓았고, 우리가 스스로 다스릴 능력을 키워서 독립할 수 있다**는 것이 달라. 그래도 일본이 물러나면 즉시 독립할 줄 알았던 우리나라 사람들은 대부분 신탁 통치를 강하게 반대했단다.

모스크바 3국 외교 장관 회의

1945년 12월 16일. 소련의 모스크바에 미국, 소련, 영국의 외교 장관들이 모였어. 제2차 세계 대전에서 승리한 나라들이 전쟁 후의 문제를 의논하기 위해서야. 회의에서 한 가장 중요한 결정은 미국과 소련이 함께 노력하여 한국에 민주적인 임시 정부를 세운다는 거였어. 이 임시 정부와 미국, 소련이 잘 의논해서 신탁 통치를 어떻게 할 건지도 정하기로 했지. 신탁 통치 기간은 최대 5년으로 정했어. 그런데 한국을 신탁 통치하자고 먼저 주장한 건 미국이었단다.

난 반대파! 넌 찬성파!

김구가 이끄는 신탁 통치 반대 집회가 열리고 3일 뒤, 여기는 다시 서울운동장이야. 지난번보다 더 많은 사람이 모였네. 그런데 분위기가 조금 달라. '신탁 통치 결사반대' 대신 **'3국 결정 절대 찬성'**이라고 쓴 천이 보여. 김구가 섰던 무대에는 다른 사람이 서 있어.

옳소!

"모스크바 3국 외교 장관 회의의 결정을 따라 신탁 통치를 받아들입시다. 미국, 소련을 적극적으로 도와 임시 정부를 세우는 것만이 우리가 완전히 독립할 수 있는 길입니다."

옳소!

찬성이오!

이번에도 사람들은 운동장이 떠나갈 듯 "옳소!" 하고 함성을 질렀어.

이렇게 우리나라는 3국 결정을 찬성하는 사람들과 신탁 통치를 반대하는 사람들로 나뉘었어. 3국 결정 찬성파는 소련과 친하고, 신탁 통치 반대파는 미국과 가까웠지. 이 둘은 서로 **으르렁대며 싸우기** 시작했어. 여운형 같은 이들이 싸우지 말고 하나가 되라며 말려 보았지만, 소용없었어. 싸움은 점점 더 심해져서 나라가 둘로 갈릴 지경이 되었단다.

우리 편 정부를 만들 거야

모스크바 3국 외교 장관 회의가 열린 지 3개월 뒤, 덕수궁 석조전에서 미국과 소련이 만났어. 우리나라에 민주적인 임시 정부를 구성하기 위한 회의를 하는 거야. 소련 대표가 먼저 입을 열었지.

"한국의 임시 정부에는 신탁 통치를 **지지하는** 사람들만 참여해야 합니다."

미국 대표는 반대했어.

"안 됩니다. 신탁 통치를 **반대하는** 한국 사람이 많은데 이들을 빼면 제대로 된 임시 정부가 아니지요."

"아니, 모스크바 3국 회의의 결정에 따라 임시 정부를 만드는데, 그 결정을 반대하는 사람들을 넣는다는 게 말이 됩니까? 더군다나 애초에 신탁 통치를 주장한 것은 미국이잖소?"

소련 대표가 따지자 미국 대표는 말문이 막혔어. 미국이랑 친한 사람들이 신탁 통치를 반대하자 입장을 바꾸었거든. 소련의 말대로 하면 소련 말만 듣는 정부가 세워질 테니까.

결국 이 문제로 **계속 옥신각신**하다 회의가 끝나 버렸어. 이후에도 여러 번 회의가 열렸지만 싸움은 계속되었단다.

38도선을 베고 쓰러져도 분단은 안 돼

미국과 소련의 의견이 계속 갈리자 미국은 한국의 임시 정부 문제를 국제 연합(유엔)으로 넘겼어. 국제 연합은 제2차 세계 대전이 끝난 뒤 여러 나라가 모여서 전쟁을 막기 위해 만든 단체야.

국제 연합은 **남북한 총선거를 해서 정부를 세우라는** 결정을 했어. 하지만 소련과 친한 김일성이 권력을 잡고 있던 북한은 국제 연합의 결정을 거부했어. 남한의 인구가 북한보다 많아서 선거를 하면 자기들한테 불리했거든.

그러자 국제 연합은 **남한만이라도 선거를 치르라고** 했어. 이대로 가면 남한 따로 북한 따로 정부가 세워질 판이야.

이때 김구를 비롯한 여러 독립운동가가 나섰어. 나라가 둘로 쪼개지는 것을 막기 위해 북한의 **김일성과 담판**을 짓기로 했지. 김구는 북한으로 가면서 이렇게 말했어.

"나는 하나의 조국을 세우려다가 38도선을 베고 쓰러질지언정 남한만의 정부를 만드는 일을 돕지 않겠다!"

하지만 김일성과의 만남은 별 소용이 없었어. 이미 북한도 자기들만의 정부를 만들기 위한 준비를 착착 진행 중이었거든. 남한의 선거도 얼마 안 남았고 말이야.

남북한 따로따로 정부가 태어났어

오늘은 1948년 5월 10일, 남한에서 선거가 치러지는 날이야. 태어나서 처음으로 투표를 해 보는 사람들이 투표장으로 향했어. 가는 길에 만난 동네 사람들끼리 이야기도 나눴지.

"내 손으로 우리의 대표를 뽑다니, 민주주의가 신기하네그려."

"난 이러다 남북이 갈라지는 건 아닌지 걱정돼."

"그래서 김구 선생도 선거를 반대하신 거겠지…"
"그러니까 더 좋은 사람을 뽑아야 하는 것 아닌가?"
"맞아. 그래야 남북이 하나 될 수 있을 거야."

많은 사람이 투표를 했고, 모두 198명의 첫 국회의원들이 뽑혔어. 이들은 나라 이름을 **대한민국**이라 정하고 우리나라 **최초의 헌법**을 만들었어. 그리고 미국에서 오랫동안 독립운동을 한 **이승만을 대통령으로** 뽑았지. 대한민국 정부가 태어난 거야.

북한도 선거해서 헌법을 만들고 **김일성을 수상으로** 뽑았어. 수상은 대통령처럼 나라를 이끄는 사람이야. 북한은 나라 이름을 **조선 민주주의 인민 공화국**이라고 지었어.

이렇게 태어난 남한과 북한 정부는 서로 으르렁대며 싸우기 시작했어. **자기들이 진짜 정부고, 상대방은 가짜라고** 주장하면서 말이야. 38도선에서는 남과 북의 군사들이 서로 총을 쏘며 싸우는 일도 자주 벌어졌단다.

대한민국 헌법의 탄생

헌법은 우리나라 최고의 법이야. 우리 헌법의 첫머리에는 3·1 운동의 독립 정신을 잇는다고 쓰여 있어. 나라 이름을 대한민국으로 정한 것은 대한민국 임시 정부를 잇는다는 뜻이지. 헌법은 일제 강점기 때는 없었던 자유와 민주주의를 약속했어. 또한 모두가 고르게 잘 사는 나라를 만들기 위한다는 내용도 담았지. 지주가 독차지하고 있던 땅을 농민들에게 나눠 주고, 회사가 돈을 많이 벌면 노동자와 나눠 가져야 한다는 내용도 있었어.

한눈에 보는 대한민국의 발자취
대한민국역사박물관

여기가 바로 대한민국 역사박물관!

여기는 서울 경복궁 앞에 있는 **대한민국역사박물관**이야. 조선이 나라 문을 연 뒤부터 지금까지 우리나라의 역사를 한눈에 볼 수 있는 곳이지.

이건 아주 **오래된 태극기**들이야. 옛날에는 태극기 모양이 지금이랑 좀 달랐지. 제일 큰 것은 고종 황제가 대한 제국의 외교를 도와주었던 미국인 데니에게 준 태극기야. 지금까지 남아 있는 태극기 중에 제일 오래된 거래. 그 옆에는 대한민국 임시 정부를 이끌던 김구가 이름을 쓴 태극기가 보여. 그 아래 글씨가 잔뜩 쓰여 있는 태극기는 한국광복군이 쓰던 거야. 여기 담긴 글씨 또한 광복군들이 쓴 것이지. 일제와 싸워서 나라를 되찾겠다는 내용을 담았어.

태극기들을 지나면 독립운동의 역사가 이어져. 이봉창과 윤봉길 의사의 사진이 있고, 그 옆에 한자가 쓰인 종이가 보이니? 그건 바로 대한민국 임시 정부가

태극기에 글을 남기다니 맘이 찌릿해!

초창기의 태극기들

광복군의 태극기

일제에 전쟁을 선포하는 글이야.
임시 정부의 한국광복군은 미군
특수 부대와 국내로 들어오는
훈련까지 했지만 아쉽게도 그 전에
전쟁이 끝나 버렸어.

광복이 되었지만 우리는 나라를
바로 되찾을 수 없었어. 미국과
소련이 제멋대로 **38도선**을 긋고는
군대를 보냈으니까. 나무 판에

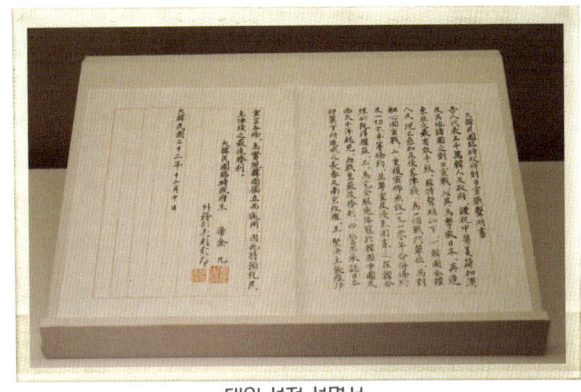

대일 선전 성명서

38도선을 표시하였는데 가운데 화살표 부분이 38도선이고, 오른쪽은 미군, 왼쪽은 소련군 지역이라고 적어 놓았어. 옆에 있는 흑백 사진은 **김구**가 김일성을 만나러 가는 도중에 38도선을 넘으면서 찍은 사진이야. 가운데 안경을 쓴 사람이 김구 선생이지. 하지만 아쉽게도 이때는 너무 늦었어. 결국 남한 따로 북한 따로 정부가 들어서고 6·25 전쟁이 벌어지고 말았단다.

38도선 앞에 선 김구 일행

저때는
38도선을
넘어 다녔구나.

역사 인증 숏

1. 옛날 태극기와 요즘 태극기의 다른 점 찾아보기
2. 38도선 표지판 앞에서 김구처럼 사진 찍기
3. 우리나라 최초의 텔레비전, 자동차, 핸드폰 구경하기

3. 우리나라를 뒤덮은 전쟁의 불길

깜짝이야! 1950년 6월 25일 새벽 4시. 남북한을 가르는 38도선 곳곳에서 땅이 흔들릴 정도로 큰 소리가 나기 시작했어. 무슨 소리일까?

6.25 전쟁이 일어났어

지진이 일어난 걸까? 보초를 서던 남한 병사가 깜짝 놀라

어, 어? 이렇게 갑자기 쳐들어와도 돼?

　살펴보니, 세상에나, **북한군 탱크 수십 대가** 어둠 속에서 남쪽으로 밀려오고 있었어. **6·25 전쟁**이 일어난 거야.

　38도선을 지키던 우리 국군은 북한군의 공격을 제대로 막아 내지 못했어. 북한은 소련과 중국의 도움을 받으면서 차근차근 전쟁을 준비했는데, 우리는 그러지 못했거든. 북한은 탱크와 비행기가 수백 대나 있었지만, 남한은 비행기 몇 대가 전부였으니 말 다 했지. 탱크는 한 대도 없었고 말이야.

급하다 급해, 서울을 빼앗겼어

　국군이 용감하게 막아 보았지만 소용이 없었어. 불과 **3일 만에** 서울까지 뺏겼다니까. **이승만 대통령은 서울을 떠나 남쪽으로** 몸을 피하기 바빴어. 장관과 국회의원, 높은 군인과 경찰, 부자들도 가족과 함께 대통령을 따라갔지.

　보통 사람들은 미처 피란을 떠나지도 못했어. 대통령이 서울을 떠나고 나서도 한동안 **거짓 방송**이 나왔거든.

전쟁이다!
전쟁이야!

"우리 국군이 적을 물리치고 있습니다. 정부와 국회도 서울을 지킬 것이니, 국민 여러분은 흔들리지 말고 직장을 지키십시오."

　이승만 대통령의 이 말이 라디오에서 흘러나올 때 대통령은 이미 대전에 있었는데 말이야.
　뒤늦게 사실을 안 서울 시민들이 급하게 피란을 떠나는데, 갑자기 **한강 다리가 폭파**되었어. 북한군이 쫓아오는 걸 막기

위해 국군이 폭탄을 터뜨린 거야. **다리를 건너던 수많은 사람이 목숨을 잃었단다.** 다리는 끊어졌지만 북한군은 남쪽으로 계속 밀고 내려왔고, 남한 땅을 거의 다 차지했어. 대통령 일행은 대전을 거쳐 남쪽 끝 부산까지 내려갔어. 대한민국의 운명은 바람 앞의 등불이 된 거야.

인천 상륙 작전 성공! 이젠 북으로

이러다가 대한민국이 영영 사라져 버리는 건 아닐까? 다행히 그런 일은 일어나지 않았어. 미국이 재빨리 전쟁에 끼어들었거든. 미국은 북한이 전쟁을 일으켰다는 소식을 듣자마자 한국에 군대를 보내기로 했어. 이틀 뒤 국제 연합(유엔)은 미군이 이끄는 **국제 연합군**을 보내 한국을 돕기로 했어. 국제 연합군 사령관 **맥아더 장군**은 전쟁 상황을 꼼꼼히 살펴본 뒤 말했어.

　상륙은 배에서 땅으로 오르는 걸 말해. 그런데 이 말을 들은 부하들은 반대했어.

　"장군님, 인천은 바다가 얕고 바닷길이 좁습니다. 또한 갯벌이 넓어 배에서 내린 군사들이 제대로 움직일 수 없어 **위험**합니다."

　"내가 노린 것이 바로 그 점이다. 북한군도 그렇게 생각해서

막을 준비를 소홀히 할 거야. 그 대신 우리는 철저히 준비해서 전투한다!"

과연 맥아더의 말처럼 **인천 상륙 작전**은 성공했어. 전쟁은 **단숨에 역전**되었지. 샌드위치처럼 가운데 끼어 버린 북한군은 도망치기 바빴고, 국제 연합군과 국군은 38도선을 넘어 북한 땅까지 차지하기 시작한 거야.

6·25 전쟁 때 우리를 도운 나라들

국제 연합군은 미국이 앞장서서 만들었어. 미국을 포함해서 모두 16개 나라가 국제 연합군에 참여해서 대한민국을 도왔지. 제2차 세계 대전 때 미국과 함께 싸운 영국, 프랑스를 비롯한 네덜란드, 벨기에, 그리스, 룩셈부르크, 호주, 뉴질랜드, 필리핀, 터키, 태국, 남아프리카 공화국, 토고, 콜롬비아, 에티오피아까지. 그래도 미군의 수가 다른 나라를 모두 합한 것보다 몇 배나 많았어. 스웨덴과 인도, 덴마크, 노르웨이, 이탈리아는 의사와 간호사들을 보내 주었대.

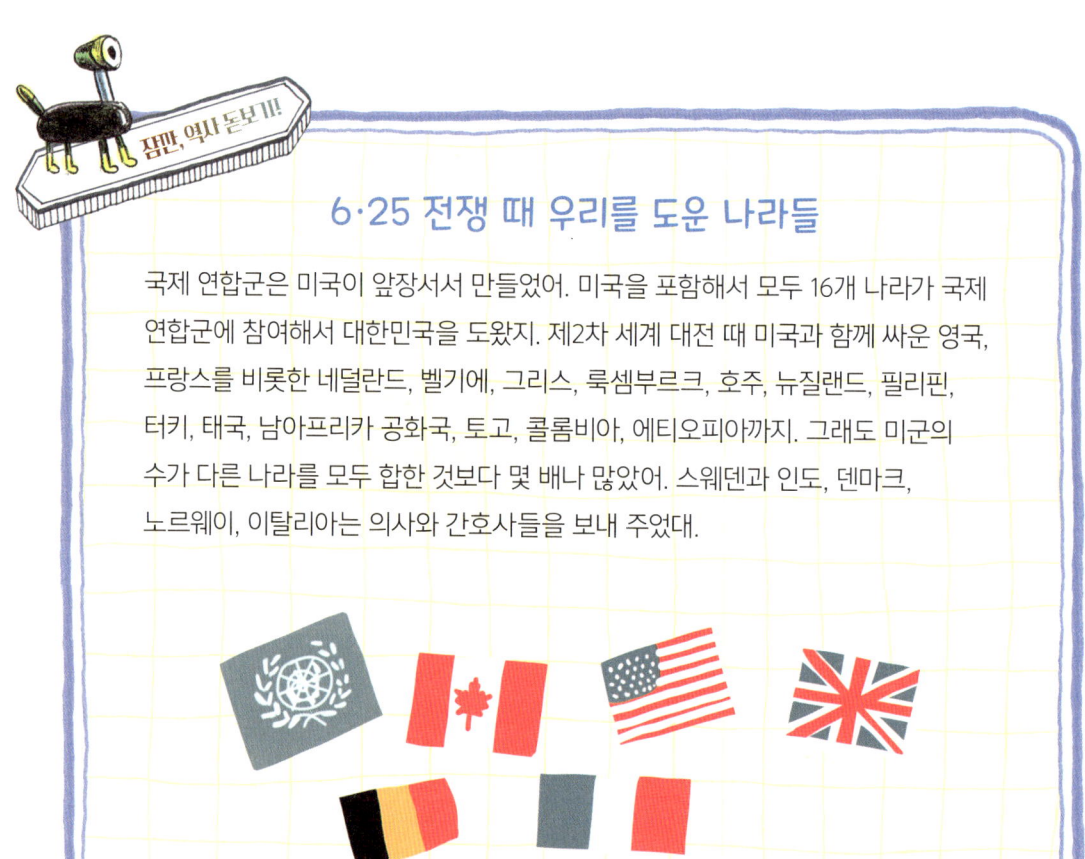

흥남 항구 피란민 탈출 작전

인천 상륙 작전이 성공한 지 3개월쯤 뒤, 여기는 북한의 함경남도 흥남 항구야. 바닷가에 커다란 배들이 여럿 보이네. 군인과 무기를 실어 나르는 미국 배들이야. 인천 상륙 작전 덕분에 압록강까지 올라갔던 군인들을 남쪽으로 실어 나르고 있어. 북한 편이 되어 내려온 중국군에게 국군과 국제 연합군이 크게 지고 말았거든. 전쟁이 또다시 뒤집힌 거지.

그런데 문제가 생겼어. **남쪽으로 가려는 피란민 수십만 명이 항구로 몰려든 거야.** 이들은 배에 태워 달라고 아우성을 쳤어. 이 모습을 본 한국 장군이 미군 사령관에게 말했지.

"피란민들은 목숨을 걸고 여기까지 왔습니다. 이들을 배에 태웁시다."

미군 사령관은 난처한 표정을 지었어.

"이 배들은 군인과 무기를 싣는 배요. 지금은 피란민보다 전쟁의 승리가 더 중요하오."

"군인과 무기를 다 싣고 남은 공간에 피란민을 태우면 어떻습니까? 북한군이 돌아오면 이들은 죽은 목숨이에요."

한참을 고민하던 미군 사령관이 고개를 끄덕였어.

한겨울 눈보라가 치는 가운데 수많은 사람이 줄을 잡고 배에 기어올랐어. 그중에는 어린이도 있고 젖먹이를 업은 엄마도 있었지. 중간에 줄을 놓쳐 떨어진 사람도 많았어. 이렇게 배에 탄 피란민은 9만 명 남짓. 하지만 훨씬 더 많은 피란민들이 배에 타지 못했어.

미군이 북한에 원자 폭탄을 떨어뜨린다는 소문도 있었대.

근데 왜 이렇게 많은 사람이 목숨 걸고 탈출한 걸까?

대한민국의 자유를 찾아온 거지.

고향을 잃고 이렇게 떠나는구나!

우리 아버지 좀 찾아 주세요. 흑흑!

어머니!

엄마!

흑!

전쟁은 커다란 상처를 남기고

흥남을 떠난 배가 도착한 곳은 부산이었어. 이곳에는 이미 전국에서 몰려온 피란민들이 살고 있었어. 부산에 온 피란민들은 산동네에 나무판자로 얼기설기 **판잣집을 짓고** 살았단다. 갑자기 사람들이 몰려든 탓에 살 집이 모자랐거든. 마실 물도 먹을 것도 돈을 벌 수 있는 일도 부족했어. 그래도 살아서 여기까지 왔다는 건 행운이었어. 수많은 사람이 피란길에 죽거나 다쳤으니까. 북한군이나 중국군뿐 아니라 국군과 미군에게 죽은 사람도 많았어. 그때는 적군을 돕는다고 의심되면 여자와 노인, 심지어 어린아이까지도 죽였거든.

　많은 사람이 죽었지만 전쟁은 끝날 줄 몰랐어. 북한군과 중국군, 국군과 유엔군이 팽팽하게 맞섰기 때문이야. 마침내 1953년 7월 27일, **3년 동안이나 계속된 전쟁은 엄청난 피해를 남기고 멈췄어.** 수백만 명의 사람들이 죽거나 다쳤고, 셀 수 없이 많은 건물과 다리, 도로들이 파괴되었지. 엄마, 아빠를 잃은 아이들이 거리에 넘쳐 났어. 전쟁으로 무너진 나라를 다시 일으키는 데는 엄청난 고통이 뒤따랐단다. 그런데도 전쟁을 멈춘 **남과 북이 휴전선을 마주 보며 아직도 서로 대립하고 있어.**

　언젠가 **평화 통일**이 이루어지면 전쟁의 상처도 아물게 될 거야.

헤어진 우리 가족을 찾아 주세요

전쟁은 가족도 뿔뿔이 흩어지게 했어. 피란 길에 헤어졌다가 다시 만나지 못하는 경우가 많았거든. 그때는 지금처럼 휴대전화나 인터넷이 없었으니까. 이렇게 가족과 헤어진 사람들이 천만 명이나 되었대. 6·25 전쟁이 끝나고 30년 뒤 TV에서 헤어진 가족을 찾아 주는 방송을 했어. 방송은 몇 달 동안이나 계속되었고, 가족을 찾은 사람이나 TV를 보는 사람이나 모두 눈물을 흘렸단다. 전쟁은 이렇게 우리 모두에게 큰 상처를 남겼던 거야.

여전히 남아 있는 전쟁의 상처
거제도 포로수용소 유적공원

포로수용소 유적공원 입구

우아, 탱크 모양 건물이잖아!

탱크 전시관

여기는 우리나라에서 두 번째로 큰 섬, 거제도야. 6·25 전쟁 때 이곳에는 전쟁 포로를 가두어 둔 수용소가 있었어. 섬이 크고 마실 물이 풍부해서 포로를 많이 가둘 수가 있었거든. 사방이 바다로 막혀 있으니 탈출하기도 어려웠고 말이야. 이곳에는 한때 17만 명이나 되는 포로들이 있었어. 지금은 **거제도 포로수용소 유적공원**으로 만들어 그때의 모습을 살펴볼 수 있어.

디오라마관

탱크 전시관을 지나면 **디오라마관**이 나와. 거제도 포로수용소의 당시 모습을 마치 영화 속 한 장면처럼 생생히 볼 수 있게 재현해 놓은 곳이야. 언뜻 봐도 거제도 포로수용소는 크기가 어마어마하구나.

포로가 이렇게나 많아요?

17만 명이나 되었대.

포로들은 북한 편과 남한 편으로 나뉘어 싸웠어. 북한군에 끌려갔다가 포로가 된 사람들은 전쟁이 끝나도 남한에 남기를 원했어. 북한 편 포로들은 이들을 배신자라고 말하면서 괴롭혔지. 이 과정에서 죽거나 다치는 사람도 많았어. 포로수용소 안이 또 다른 전쟁터가 되었던 거야. 결국 포로들은 자기 뜻에 따라 북한으로 가거나 남한에 남게 되었단다.

포로수용소로 들어가는 북한군

경비 초소

포로들의 일상생활을 좀 더 자세히 보고 싶다면 포로생활관을 봐야 해. 여기에서는 포로들이 살던 집과 입던 옷, 먹던 음식까지 볼 수 있거든. 거제도 포로수용소 유적공원 옆에 있는 평화 파크도 빼먹지 말고 둘러보자. 이곳에선 평화가 얼마나 소중한지 확실히 느낄 수 있으니까 말이야.

철조망이 높이 쳐 있어.

밥을 짓는 포로들

밥을 이렇게나 많이 지어?
그래도 모자랐을걸?

역사 인증 숏

1. VR 체험관에서 포로들이 납치한 미군 장군 구출 작전 체험하기
2. 포로생활관에서 옛날 동영상 보기
3. 평화 파크에서 전쟁 무기 없애는 '평화수호대' 게임 하기

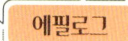

지금까지 역사의 타임머신을 타고 구석기 시대부터 6·25 전쟁까지 우리 역사를 살펴보았어. 어때, 재미있었니?

때로는 통쾌할 때도 있었고, 가끔은 가슴 아픈 일도 있었지. 삼국 통일을 이룬 우리 겨레가 찬란한 문화를 꽃피우는 것도 보았고, 인간답게 살기 위해서 백성들이 들고일어나는 장면도 보았어. 돌이켜 보면 우리 역사에는 위기도 참 많았던 것 같아. 다른 나라의 침략을 셀 수 없을 만큼이나 많이 받았고, 잠시나마 일본에 나라를 빼앗기기도 했잖아? 하지만 그때마다 우리는 위기를 이겨 내고 새로운 역사를 만들어 나갔어.

6·25 전쟁이 끝난 다음에도 그랬지. 전쟁 탓에 폐허가 되다시피 한 나라를 다시 세우기 위해 모든 국민이 밤낮으로 열심히 일했어. 그 덕분에 지금은 그때보다 1인당 국민 소득이 500배나 늘었단다. 이렇게 놀라운 우리나라의 경제 발전을 '한강의 기적'이라고 불러.

경제뿐 아니라 민주주의도 발전을 거듭했어. 거짓으로 선거 결과를 바꾼 이승만 대통령을 몰아내고(4·19 혁명), 총칼로 권력을 잡고 독재자가 된 박정희 대통령을 무너뜨렸으며(부마 항쟁), 광주 시민들을 죽이고 대통령이 된 전두환도 무릎 꿇게 만들었지(6월 민주 항쟁). 헌법을 어기고 국민을 배신한 박근혜 대통령을 자리에서 끌어내렸고 말이야.

경제 발전과 민주주의 덕분에 우리나라는 세계가 부러워하는 선진국이 되었어. 그렇다고 모든 문제가 사라진 건 아냐.
북한은 핵무기로 위협하고 있고, 지구 온난화 탓에 여러 가지 피해가 커지고 있어. 청년들은 취직이 어렵고 우리나라의 자살률 또한 높아. 코로나19 같은 전염병이 퍼지기도 하고 말이야. 하지만 지금까지 그래 왔듯 앞으로도 우리는 여러 문제들을 풀어낼 수 있을 거야. 그리고 문제를 만날 때마다 과거의 역사를 돌아보는 것이 문제 해결에 도움이 될 거야. 너희들의 힘을 믿어!

찾아보기

ㄱ
갑신정변 35, 37, 38, 46, 47, 57
강우규 107
강주룡 112~114
강화도 20~25, 27~29
강화도 조약 27, 30, 35
강화 역사 박물관 29
개화당 36, 37, 46
거제도 포로수용소 유적공원 158, 159
경복궁 14, 19, 42, 50, 51, 58, 59
경운궁(현재 덕수궁) 58~60, 65, 73, 82
고려 왕궁 터 29
고부 38~40
고종 14~17, 20, 26, 30~34, 37, 42, 46~83, 98, 100, 144
광산 채굴권 56
국제 연합(유엔) 139, 149
국제 연합군 149, 151, 152
군포 16~18
김구 114, 136, 140, 142, 144, 145
김옥균 36
김일성 139, 140, 142, 145
김좌진 111

ㄴㄷ
남북한 총선거 139
대한문 64, 65
대한민국역사박물관 144
대한민국 임시 정부 102, 103, 121, 134, 144
대한 제국 49, 58~65, 67, 70, 71, 73, 75~82, 86, 88, 103, 104, 115, 144
덕수궁 58, 64, 65, 82
데라우치 86, 93, 96
독립군 110, 111, 114, 122
독립기념관 122
독립문 56, 57
「독립 선언서」 95, 97, 101
『독립신문』 56, 57
독립운동가 93, 97, 102~105, 108, 110, 122, 126~129, 140
독립 협회 57, 67, 68
동양척식주식회사 89
동학 38~40, 42~45
동학 농민 운동 50

ㄹ
러시아 92, 130
러시아 공사관 55, 56, 58, 63
러일 전쟁 70, 71

ㅁ
만국 평화 회의 75, 76
만민 공동회 67
만세 운동 98~102, 105, 134
만주 92, 93, 97, 107, 110, 111, 114~117, 121
말목장터 38, 94
맥아더 149, 151
명성 황후 51~54
모스크바 3국 외교 장관 회의 136, 137
민족 대표 33명 98
민족 자결주의 96, 99

ㅂ
박영효 36
별기군 31~33
병인양요 21, 23, 29
보빙사 46, 47
봉오동 110, 111

ㅅ
사이토 마코토 106
사회주의 130
산미 증식 계획 90
삼랑성 20, 22, 29
삼림 벌채권 56
3·1 운동 95, 96, 100~106, 109, 110, 113, 143
38도선 131, 143~147, 151
상하이 93, 97, 102, 103, 114, 116, 123
「새 나라의 어린이」 133
서대문 형무소 104, 105, 107
서재필 36, 57
석조전 65, 82
소작인 91
손병희 98
수신사 30, 31
순종 77
식민지 86, 89, 99, 104, 119, 130, 134, 135
신미양요 23, 29
신민회 93
신채호 121
신탁 통치 134~138
실력 양성 운동 108, 109
쑨원 115

ㅇ
아우내 장터 101, 105
안중근 78, 79
양헌수 20
『어린이』 109

엔도 126, 127
여운형 126~129, 136
연해주 92, 93, 103, 122
우금치 44, 45
우리말 사전 120
우정총국 46, 47
운요호 24, 25
원납전 19
윌슨 96, 99
유관순 100, 104, 105
6·25 전쟁 145, 147, 152, 157, 158
윤봉길 116, 117, 118, 123, 144
을밀대 112~114
을사늑약 71, 73~76, 78, 80, 82, 83
을사오적 83
이봉창 117, 123, 144
이상설 76, 78, 83
이승만 142, 147, 148
이완용 80, 83
이위종 76, 78, 83
이준 76, 78, 83
이토 히로부미 71~73, 78~80, 83, 106
「2·8 독립 선언서」 97
이화학당 100
이회영 92, 122
인천 상륙 작전 149~152
일제 강점기 88, 104, 123, 143
임시 정부 135~139, 145
임오군란 32~35, 42

ㅈ
장제스 117
전봉준 39, 40, 44, 45, 94
전차 62, 63
제너럴셔먼호 23
제2차 세계 대전 118, 119, 127, 130, 135, 139, 152
제1차 세계 대전 99, 119
조선 건국 준비 위원회 128, 129
조선 민주주의 인민 공화국 142
『조선 상고사』 121
조선어 학회 120, 123
조선 총독부 126
조병갑 38~40
조일 수호 조규 27
중명전 82, 83
중화민국 115, 116
중화전 64
지주 91, 113, 143

ㅊ
창덕궁 14
천도교 98
철종 15, 36
청산리 대첩 111
청일 전쟁 42, 52, 70
초지진 28
총독부 86~90, 93

ㅌ
탑골공원 94, 95
태형 87, 107
토지 조사 사업 88, 90
통감 86

ㅍ
패전국 99
피란민 153~155

ㅎ
하얼빈역 106
한국광복군 121, 144, 145
한인 애국단 114~117, 123
헌병 경찰 87, 96, 102, 107, 109
헤이그 특사 76, 78, 82, 83
홍범도 110, 111
홍영식 36, 46, 47
환곡 18
환구단 59, 60, 64
황궁우 64
『황성신문』 74
황토현 40
훙커우 공원 116, 123
휴전선 156
흥선 대원군 14~19, 23, 32~35, 42
히틀러 119

사진 출처

18쪽 안동 병산 서원_한국 관광 공사 **28쪽** 초지진 전경_강화군청/ 소나무_구완회 **29쪽** 고려 왕궁 터_문화재청/ 삼랑성_강화군청/ 강화 역사 박물관 내부_구완회 **46쪽** 우정총국, 보빙사_구완회 **47쪽** 홍영식 흉상, 집배원 모형, 날짜 도장_구완회/ 최초의 우표_박상준 **64쪽** 대한문, 황궁우_구완회 **65쪽** 석조전 외부_구완회/ 석조전 내부_덕수궁 관리소 **82쪽** 중명전_덕수궁 관리소 **83쪽** 을사늑약 현장_덕수궁 관리소/ 헤이그 특사_위키미디어/ 고종 편지_구완회 **104쪽** 서대문 형무소 역사관, 형무소 내부_구완회 **105쪽** 수감된 독립운동가와 유관순 사진, 족쇄, 사형장_구완회 **109쪽** 『어린이』 제4권 11호_e-뮤지엄 **122쪽** 독립기념관 전경, 노래 부르는 독립군 모형_독립기념관 **123쪽** 이봉창 의사, 조선어 학회 사건 모형, 광주 학생 항일 운동 모형_구완회 **144쪽** 대한민국역사박물관, 초창기의 태극기들, 광복군의 태극기_구완회 **145쪽** 대일 선전 성명서_게티이미지코리아, 대한민국역사박물관/ 38도선 앞에 선 김구 일행_백범김구선생기념사업협회 **158쪽** 거제도 포로수용소 유적공원 입구_한국 관광 공사/ 탱크 전시관, 디오라마관에서 보는 포로수용소_구완회 **159쪽** 포로수용소로 들어가는 북한군 모형, 경비 초소, 밥을 짓는 포로들 모형_구완회